依据**中国工会十八大**
全国工会干部培训

U0679924

新时代
职工代表
培训教程

（全新修订版）

张安顺◎编著

人民日报出版社

图书在版编目（CIP）数据

新时代职工代表培训教程／张安顺编著. --北京：
人民日报出版社，2023.10

ISBN 978-7-5115-7989-8

Ⅰ.①新… Ⅱ.①张… Ⅲ.①工会工作–中国–职工
培训–教材 Ⅳ.①D412.63

中国国家版本馆 CIP 数据核字（2023）第 178647 号

书　　　名	新时代职工代表培训教程	
	XINSHIDAI ZHIGONG DAIBIAO PEIXUN JIAOCHENG	
作　　　者	张安顺	

出 版 人：刘华新
责任编辑：刘天一　　周昕阳
封面设计：陈国风

出版发行：人民日报出版社
地　　址：北京金台西路 2 号
邮政编码：100733
发行热线：（010）65369527　　65369846　　65369509　　65369510
邮购热线：（010）65369530　　65363527
编辑热线：（010）65369844
网　　址：www.peopledailypress.com
经　　销：新华书店
印　　刷：北京彩虹伟业印刷有限公司

开　　本：170mm×240mm　　　1/16
字　　数：240 千字
印　　张：15.5
版次印次：2024 年 3 月第 1 版　　　2024 年 3 月第 1 次印刷

书　　号：ISBN 978-7-5115-7989-8
定　　价：69.80 元

前 言
Preface

党的二十大报告指出："我国是工人阶级领导的、以工农联盟为基础的人民民主专政的社会主义国家，国家一切权力属于人民。人民民主是社会主义的生命，是全面建设社会主义现代化国家的应有之义。全过程人民民主是社会主义民主政治的本质属性，是最广泛、最真实、最管用的民主。必须坚定不移走中国特色社会主义政治发展道路，坚持党的领导、人民当家作主、依法治国有机统一，坚持人民主体地位，充分体现人民意志、保障人民权益、激发人民创造活力。""积极发展基层民主。基层民主是全过程人民民主的重要体现。"职工民主管理是社会主义民主的重要组成部分，是基层民主制度的必然要求和重要内容。职工民主管理的基本形式是职工代表大会，职工代表大会是由职工民主选举产生的职工代表组成的，职工代表是职工代表大会的主体，职工代表素质的高低直接关系到职工代表大会质量的高低，关系到职工各项民主权利的落实，关系到社会主义民主政治的发展。为了加强基层民主制度建设，坚持和完善职工代表大会制度，切实发挥职工代表大会作用，建立和谐稳定的劳动关系，促进企事业单位高质量发展，必须高度重视职工代表队伍建设，不断加强职工代表的教育培训，进一步提高职工代表的素质。为适应职工代表教育培训的需要，我们组织编写了此书。

本书从职工代表教育培训的实际需要出发，坚持理论联系实际的原则，系统阐述了职工代表应知应会的基本理论和应用知识。层次清晰、结构合理、简明扼要、通俗易懂，每一章后还附有思考题和案例，兼具指导性、实用性和可读性，是职工代表教育培训的有益教程。

在编写过程中参考了有关资料，在此谨向相关作者表示诚挚的谢意。

目 录
CONTENTS

第七章　职工董事、职工监事制度

第八章　平等协商与集体合同制度

第十二章　工会与职工民主管理

第一章　职工民主管理概述

职工代表的主要任务就是代表职工参与企事业单位民主管理，行使民主管理权力，促进企事业单位高质量发展，维护职工合法权益。为此，职工代表应当认真学习了解民主管理的有关知识，不断提高民主管理素质和参政议政能力。

一、职工民主管理

职工民主管理，是指职工依照法律法规的规定，通过一定的组织形式，参与企事业单位管理，行使民主权力的活动。包括4层含义：一是职工民主管理的主体是全体职工群众，二是职工民主管理要依照法律法规和有关规定，三是职工民主管理要通过一定的组织形式，四是职工民主管理的特点是参与管理。职工民主管理是社会主义民主的重要体现，是具有中国特色的企事业单位管理制度的有机组成部分。

党的二十大报告指出："全心全意依靠工人阶级，健全以职工代表大会为基本形式的企事业单位民主管理制度，维护职工合法权益。"

二、职工民主管理的重要性和必要性

（一）职工民主管理是社会主义民主政治的基础

我国是工人阶级领导的、以工农联盟为基础的人民民主专政的社会主义国家。《宪法》第2条规定："中华人民共和国的一切权力属于人民。人民行使国家权力的机关是全国人民代表大会和地方各级人民代表大会。人民依照法律规定，通过各种途径和形式，管理国家事务，管理经济和文化事业，管理社会事务。"我国社会主义民主是维护人民根本利益的最广泛、最真实、最管用的民主。发展社会主义民主政治就是要体现人民意志、保障人民权益、激发人民创造活力，用制度体系保障人民当家作主。

社会主义民主有着极其丰富的内容，它体现在人民生活各个方面。扩大基层民主，实行职工民主管理，是社会主义民主的重要内容，是社会主义民主的重要组成部分，也是社会主义企事业单位的本质属性。只有加强职工民主管理，切实保障职工的主人翁地位，实实在在地使每一个职工享有《宪法》所赋予的民主管理权利，才能使社会主义民主落到实处，从而巩固和发展社会主义的民主政治制度。

（二）职工民主管理是贯彻全心全意依靠工人阶级指导方针的基本要求

全心全意依靠工人阶级是我们党的根本指导方针，也是我们党的一贯指导思想。在百年奋斗历程中，我们党始终重视加强对工人运动的领导，始终贯彻全心全意依靠工人阶级方针，始终注重发挥工人阶级主力军作用。习近平总书记2013年4月28日到全总机关与劳模座谈并发表重要讲话强调：坚持和发展中国特色社会主义，必须全心全意依靠工人阶级、巩固工人阶级的领导阶级地位，充分发挥工人阶级的主力军作用。全心全意依靠工人阶级不能只当口号喊、标签贴，而要贯彻到党和国家的政策制定、工作推进全过程，落实到企业生产经营各方面。2015年4月28日，习近平总书记在庆祝"五一"国际劳动节暨表彰全国劳动模范和先进工作者大会上发表重要讲话，他指出：不论时代怎样变迁，不论社会怎样变化，我们党全心全意依靠工人阶级的根本方针都不能忘记、不能淡化，我国工人阶级地位和作用都不容动摇、不容忽视。

贯彻落实全心全意依靠工人阶级指导方针，不仅要体现在政治、经济和社会生活各个方面，而且要落实到企事业单位，做到相信职工、尊重职工、依靠职工、为了职工，使职工真正感受到主人翁的地位，切实感受到自己责任和使命。而职工民主管理是工人阶级当家作主的最基本、最直接、最有效的形式，是全心全意依靠工人阶级的重要体现和基本保障。

（三）职工民主管理是促进企事业单位高质量发展的重要保障

通过实行职工民主管理，重大决策让职工参与，提交职工代表大会审议，集中群众智慧，就可以避免决策失误，使决策更加科学、完善。而且，通过实行民主管理，也有利于充分调动和发挥职工群众积极性、主动性、创造性，提高劳动生产率和经济效益，从而促进企事业单位高质量发展。

（四）职工民主管理是维护职工合法权益的有效机制

维护职工合法权益、竭诚服务职工群众是工会的性质决定的，是我们党"全心全意为人民服务"宗旨的重要体现，是职工群众对工会的基本要求，是工会服从服务于党和国家工作大局的根本基点和途径，是工会的基本职责和神圣使命。工会要切实履行维权服务基本职责，必须立足我国经济社会发展实际，不断完善维权机制。工会维权的一个重要机制就是职工民主管理制度。《工会法》第6条第3款规定："工会依照法律规定通过职工代表大会或者其他形式，组织职工参与本单位的民主选举、民主协商、民主决策、民主管理和民主监督。"在企事业单位，涉及职工合法权益的重大问题，提交职工代表大会审议、通过，充分尊重和听取职工群众的意见，可以体现广大职工的意志，有效地防止侵权现象的发生。

（五）职工民主管理是协调劳动关系的有效途径

职工民主管理是在市场经济条件下调整劳动关系的一项制度，其作用表现在以下3个方面。其一，职工民主管理确立了职工的政治地位和政治权利。职工通过法律规定的形式，对企事业单位管理有权知情、有权参与、有权监督，体现和保障了职工作为国家主人翁和企事业单位劳动主体的地位。其二，职工民主管理促进了劳动关系双方的和谐关系。职工代表大会、厂务公开、平等协商与集体合同、职工董事和职工监事、职工民主议事会等，这些形式构筑了劳动者与企事业单位的协商沟通渠道，有利于实现利益兼顾，共同发展。其三，职工民主管理集中了广大职工的共同意志。经过一定形式和程序的民主与集中，按照多数原则形成广大职工的共同意志，并把这种意志体现在劳动关系的调整中，从而保障了职工的合法权益，促进了劳动关系和谐稳定。

（六）职工民主管理是加强廉政建设的重要措施

惩治和有效预防腐败，监督是关键，只有完善监督机制，才能有效遏制腐败现象。党的二十大报告指出："健全党统一领导、全面覆盖、权威高效的监督体系，完善权力监督制约机制，以党内监督为主导，促进各类监督贯通协调，让权力在阳光下运行。"监督的一个重要方面就是民主监督，民主监督是监督体系的重要组成部分。个别单位发生领导干部的违法乱纪和腐败问题，一个重要原因就是漠视包括职工群众监督在内的各种形式监督。通过实行民主管理和民主监督，建立健全职工代表大会制度和厂务公开制度，使职工群众的监督权真正落到实处，形成自上而下和自下而上相结合的监督制约机制，推进企事业单位的领导班子建设和党风廉政建设。

三、职工民主管理的法律依据

（一）宪法

《宪法》明确规定："人民依照法律规定，通过各种途径和形式，管理国家事务，管理经济和文化事业，管理社会事务。""国有企业依照法律规定，通过职工代表大会和其他形式，实行民主管理。"这是职工民主管理的最高法律依据。

（二）劳动法、工会法、公司法、劳动合同法

《劳动法》《工会法》《公司法》是我国的基本法律，其中有关职

工民主管理的规定，是职工民主管理的基本法律依据。如《工会法》第 5 条规定："工会组织和教育职工依照宪法和法律的规定行使民主权利，发挥国家主人翁的作用，通过各种途径和形式，参与管理国家事务、管理经济和文化事业、管理社会事务；协助人民政府开展工作，维护工人阶级领导的、以工农联盟为基础的人民民主专政的社会主义国家政权。"第 6 条第 3 款规定："工会依照法律规定通过职工代表大会或者其他形式，组织职工参与本单位的民主选举、民主协商、民主决策、民主管理和民主监督。"第 20 条规定："企业、事业单位、社会组织违反职工代表大会制度和其他民主管理制度，工会有权要求纠正，保障职工依法行使民主管理的权利。法律、法规规定应当提交职工大会或者职工代表大会审议、通过、决定的事项，企业、事业单位、社会组织应当依法办理。"《劳动法》第 8 条规定："劳动者依照法律规定，通过职工大会、职工代表大会或者其他形式，参与民主管理或者就保护劳动者合法权益与用人单位进行平等协商。"《公司法》第 18 条第 2、3 款规定："公司依照宪法和有关法律的规定，通过职工代表大会或者其他形式，实行民主管理。公司研究决定改制以及经营方面的重大问题、制定重要的规章制度时，应当听取公司工会的意见，并通过职工代表大会或者其他形式听取职工的意见和建议。"《劳动合同法》第 4 条第 2 款规定："用人单位在制定、修改或者决定有关劳动报酬、工作时间、休息休假、劳动安全卫生、保险福利、职工培训、劳动纪律以及劳动定额管理等直接涉及劳动者切身利益的规章制度或者重大事项时，应当经职工代表大会或者全体职工讨论，提出方案和意见，与工会或者职工代表平等协商确定。"

（三）职工代表大会条例

1986 年 9 月，中共中央和国务院颁布的《职工代表大会条例》，明确规定了职工代表大会的性质、职权、组织制度、职工代表的权利和义务、职工代表大会的工作机构等，为职工民主管理提供了具体的法律依据。

（四）中共中央办公厅国务院办公厅关于在国有企业、集体企业及其控股企业深入实行厂务公开制度的通知

2002 年 6 月 3 日，中共中央办公厅国务院办公厅发布了《关于在国有企业、集体企业及其控股企业深入实行厂务公开制度的通知》，明确规定了厂务公开的指导原则、总体要求、主要内容、实现形式、组织领导等。

（五）企业民主管理规定

为完善以职工代表大会为基本形式的企业民主管理制度，推进厂务公开，支持职工参与企业管理，维护职工合法权益，构建和谐劳动关系，促进企业持续健康发展，加强基层民主政治建设，2012 年 2 月 13 日由中共中央纪委、中共中央组织部、国务院国有资产监督管理委员会、监察部、中华全国总工会、中华全国工商业联合会联合发布了《企业民主管理规定》。该《规定》分总则、职工代表大会制度、厂务公开制度、职工董事和职工监事制度、附则 5 章 50 条，自发布之日起施行。

（六）集体合同规定

为规范集体协商和签订集体合同行为，依法维护劳动者和用人单位的合法权益，《集体合同规定》自 2004 年 5 月 1 日起施行。该《规定》明确了签订集体合同的原则、集体协商的内容、集体协商代表、集体协商程序、集体合同审查、集体协商争议的处理等。

（七）其他相关法律法规规章

如《安全生产法》《职业病防治法》《中华全国总工会关于推行企业集团职工代表大会制度的意见》《中华全国总工会关于加强公司制企业职工董事制度、职工监事制度建设的意见》等。

（八）职工民主管理地方性法规

如《上海市职工代表大会条例》《云南省职工代表大会条例》《广

东省厂务公开条例》《江西省厂务公开条例》《山西省企业集体合同条例》等。

四、职工民主管理的功能

职工民主管理的功能，即职工民主管理在客观上应该发挥的作用。概括起来，职工民主管理的功能主要如下。

（一）审议功能

一般说来，职工民主管理的审议功能，主要是审议生产经营管理方面的重大问题，如对企事业单位经营方针、长远规划、年度计划、重大技术改造和技术引进计划、财务预决算、职工培训计划等方案进行审查、比较、分析，提出建议和意见，使之更加科学、完善。

（二）决策功能

职工民主管理的决策功能，主要是职工群众对企事业单位的重要规章制度、工资、奖金分配方案以及涉及职工自身利益的重大问题，经过审查、讨论、修改，最后通过或作出决定。

（三）监督检查功能

职工民主管理的监督检查功能，主要是对企事业单位生产经营重大问题的决策和其他重大问题决定的执行情况，对职工代表大会决议的贯彻情况进行检查，或者采取其他措施督促落实；监督企事业单位领导干部，加强党风廉政建设。

（四）协调统一功能

职工民主管理的协调统一功能，主要是协调企事业单位内部各部分人员的关系，特别是协调企事业单位行政领导和职工群众的关系。此外，由于企事业单位民主管理有广泛的群众性，还可以把企事业单位党、政、工、团各方面人员集中在一起，共商企事业单位大事。因此，职工民主管理也起到了协调企事业单位党、政、工三者关系和企事业单位各组织之间关系的作用。

（五）凝聚功能

职工民主管理的凝聚功能，主要是民主管理能够帮助职工提高思想认识，稳定和凝聚人心，增强职工"当我的家、作我的主"的主人翁责任感，使职工把个人的前途与命运同企事业单位的前途与命运紧密联系起来，把小家与大家的利益统一起来，自觉地为推进企事业单位的高质量发展贡献聪明才智和力量。有利于进一步改善干群之间的关系，消除隔阂，化解矛盾，使干部、群众团结一心，同心同德，心往一处想，劲往一处使，形成一股拧不断、拆不散的巨大合力与向心力。

（六）激励功能

职工民主管理不仅能够保证职工依法行使自己所享有的民主参与、民主管理、民主监督等权力，让职工积极、踊跃参与企事业单位的各项管理活动，使广大职工在参与过程中，进一步激发活力、振奋精神，也能够进一步激发广大职工关心企事业单位发展、爱岗敬业、勤勉工作、艰苦奋斗、争创一流的热情，激励广大职工团结一致、奋发向上、开拓进取、勇于创新，大力弘扬劳模精神、劳动精神、工匠精神，以百倍的信心和勇气，以昂扬向上的精神状态，为推动企事业单位高质量发展贡献力量。

五、职工民主管理的形式

党的二十大报告指出："坚持和完善我国根本政治制度、基本政治制度、重要政治制度，拓展民主渠道，丰富民主形式，确保人民依法通过各种途径和形式管理国家事务，管理经济和文化事业，管理社会事务。"

职工民主管理的形式是多种多样的，但主要有以下几种形式。

（一）职工代表大会

职工代表大会制度是职工实行民主管理的基本形式，是职工通过民主选举产生职工代表，组成职工代表大会，在企事业单位内部行使民主管理权力的一种制度。它是中国基层民主制度的重要组成部分。

（二）集体协商制度

《劳动法》第8条明确规定："劳动者依照法律规定，通过职工大会、职工代表大会或者其他形式，参与民主管理或者就保护劳动者合法权益与用人单位进行平等协商。"《工会法》第6条第2款规定："工会通过平等协商和集体合同制度等，推动健全劳动关系协调机制，维护职工劳动权益，构建和谐劳动关系。"这些规定为企事业单位建立集体协商制度提供了法律依据。

集体协商，也叫集体谈判，它是工会作为职工方代表与企事业单位就涉及职工权利的事项，为达成一致意见而建立的沟通和协商解决机制。集体协商的内容包括职工的民主管理，签订集体合同和监督集体合同的履行，涉及职工权利的重要规章制度的制定、修改，企事业单位职工的劳动报酬、工作时间和休息休假、保险福利、劳动安全卫生、女职工和未成年工的特殊保护、职工培训及职工文化体育生活，劳动争议的预防和处理以及双方认为需要协商的其他事项。企事业单位工会与用人单位建立集体协商机制，定期或不定期地就上述事项进行平等协商，经协商达成一致意见的，工会一方应当向职工传达，要求职工遵守执行；企事业单位也应当按照协商结果执行。集体协商是工会代表职工与企事业单位进行商谈的行为，它主要体现了职工的意愿和要求，是职工参与企事业单位重大问题决策的重要体现。因此，集体协商、签订集体合同制度也是职工民主管理的重要形式。

（三）职工董事、职工监事制度

职工董事、职工监事制度，是指在公司制企业中，由职工民主选举出的职工代表进入董事会、监事会，担任董事、监事，代表职工参与企事业单位管理、决策和监督的制度。职工董事、职工监事制度的建立是建立现代企业制度的客观要求，是职工代表大会制度的延伸和发展，是公司制企业实行民主协商、民主决策、民主管理和民主监督的必要途径。

职工董事、监事是依照法律规定的程序，由职工代表大会或职工大会民主选举产生的。建立职工董事、职工监事制度，是深化国有企业改革、建立现代企业制度的内在要求；是职工在公司制企业中主人翁地位和权利的体现；是协调劳动关系的客观要求。建立职工董事、职工监事制度，将进一步推进党的全心全意依靠工人阶级指导方针在企事业单位中的贯彻和落实；进一步完善企业的法人治理结构；加强企事业单位经营决策者与劳动者之间的联系；保证从源头上维护职工的合法权益；促进职工民主管理。

（四）职工持股会

在一些公司制企业，职工购买了本公司的股票，成为企业的股东，与公司之间又增加了一层产权关系。他们作为股东参加股东会，参与对股权的管理，享受股东权利。但一般来说，职工持股数量有限，而且每人的股份数持有量也不均等，职工分别参加股东会，难以形成统一的意见和维护职工共同利益的力量。因此，有条件的企业应建立职工持股会。顾名思义，职工持股会是由持有本公司股权的职工自愿建立的群众性组织。成立职工持股会的意义在于：有利于集中持股职工的意见和要求，并通过选派代表参加股东大会等形式，充分表达自己的意愿，增加影响企业决策的力度，更好地维护持股职工的利益。

（五）厂务公开

厂务公开就是把企事业单位重大决策，生产经营管理的重要问题，涉及职工切身利益的问题以及与企事业单位领导班子建设和党风廉政建设密切相关的问题，根据有关法规和制度，通过职工代表大会、厂务公开栏等多种形式，向企事业单位广大职工公开，使职工及时了解厂情，更好地参与企事业单位决策、管理和监督。推行厂务公开，是新形势下加强职工民主管理的基本要求和有效方法，同时也是坚持以人为本，发展社会主义民主政治，加强党风廉政建设，构建社会主义和谐社会的重要举措。

（六）合理化建议活动

职工合理化建议活动也称"点子工程"，它是职工民主管理的一项重要内容。通过开展这一活动，切实提高职工民主参政意识，最大限度地发掘职工中蕴藏的智慧和热情，为领导层改进工作方法、进行正确决策提供了依据。开展合理化建议活动也是企事业单位革新挖潜、降低成本、提高劳动生产率、增加经济效益的重要途径，是企事业单位发展的内在动力。它能够充分调动起全体职工参与企事业单位管理的积极性，对改善企事业单位管理，提高经济社会效益有着举足轻重的作用。

工会组织是组织开展职工民主管理的职能部门。合理化建议作为广大职工参与民主管理的重要内容，一方面反映了职工的期望，另一方面也表明企事业单位的许多规章制度、运行机制等有待于进一步改进、加强和完善。要使合理化建议活动有效展开，必须根据企事业单位的实际，建立健全各项奖励制度，即对提出的合理化建议给予必要的奖励，通过经济激励促进职工积极提出合理化建议，多出"金点子"、争当"智多星"。

（七）其他形式

如班组民主管理会、民主接待日、民主信箱、民主议事会、民主恳谈会等。

六、职工民主管理应当把握的几项原则

（一）坚持党的领导

中国特色社会主义最本质的特征是中国共产党领导，中国特色社会主义制度的最大优势是中国共产党领导，党是最高政治领导力量。党政军民学，东西南北中，党是领导一切的。坚持和完善党的领导，是党和

国家的根本所在、命脉所在，是全国各族人民的利益所在、幸福所在。坚持党的领导是我国企事业单位推行职工民主管理的重要特征和根本保证。职工民主管理作为社会主义民主政治建设的重要组成部分，坚持党的领导、人民当家作主和依法治国的有机统一，体现了社会主义的本质特征。因此，坚持党的领导、发挥企事业单位党组织的政治核心作用是一个重大原则问题，任何时候都不能动摇。各级党组织应把职工民主管理工作列入重要议事日程，定期研究并检查这项工作的开展情况，及时解决工作中遇到的问题，不断拓宽民主管理的渠道，充实职工民主管理的内容。

（二）坚持社会主义方向

习近平总书记在十九届中央政治局第六次集体学习时指出："政治方向是党生存发展第一位的问题，事关党的前途命运和事业兴衰成败。"职工民主管理也必须坚持正确方向，沿着正确道路推进。作为社会主义民主的重要组成部分，职工民主管理必须高举中国特色社会主义伟大旗帜，始终坚持社会主义正确方向。在职工民主管理中能否始终坚持社会主义方向，关系到职工民主管理的性质，关系到职工群众主人翁地位，关系到社会主义民主制度的发展。在方向问题上，必须保持清醒的头脑，必须立场坚定、旗帜鲜明，确保职工民主管理沿着社会主义方向前进。

（三）坚持依法推进

社会主义市场经济是法治经济，依法治国、建设社会主义法治国家是党领导人民治理国家的基本方略，依法推进是职工民主管理发展的必由之路。职工民主管理应当以法律法规为依据，在法律规定范围内实施，又需要以法律作为基本保障。为此，必须加强职工民主管理法治建设，把职工民主管理纳入法治化轨道。当前，特别应当尽快完善职工代表大会制度的立法，以基本法的形式对职工代表大会制度作出统一的、系统的、具体的规范，提升职工民主管理的法治化水平。

(四) 坚持群众路线

职工民主管理的主体是职工，没有职工群众的支持和参与，职工民主管理就会成为无源之水、无本之木。群众路线是党的生命线和根本工作路线，也是工会工作的生命线和根本工作路线。实行职工民主管理必须坚持走群众路线，坚持一切为了群众、一切依靠群众，充分尊重广大职工群众的首创精神，并以职工群众是否满意作为衡量职工民主管理工作好坏的标准。要充分调动职工群众积极性、创造性，发挥他们的聪明才智，不断推进职工民主管理深入发展。

(五) 坚持与时俱进

实行职工民主管理要坚持与时俱进，研究新情况，解决新问题。多年的实践证明，要使职工民主管理落到实处，必须有健全的组织形式和工作制度，职工民主管理如果只是停留在一般的号召，而无具体的制度保证，就会成为一句空话。以职工代表大会为基本形式的职工民主管理制度表明，在党的领导下，我们已经找到了具有中国特色的职工民主管理的有效制度。随着国有企业改革，建立现代企业制度特别是非公有制企业的迅猛发展，职工民主管理工作遇到了许多新情况、新问题，应当与时俱进，大胆实践，使职工代表大会的工作制度、活动形式和职权内容与新的企事业单位所有制形式和组织形式相适应，同时努力探索职工民主管理、民主监督新的领域和实现形式，把民主管理不断推向更新、更高的水平。

(六) 坚持从实际出发

从客观实际出发，是我们办事情、想问题的基本要求和根本原则。各企事业单位情况千差万别，体制、机制各不相同，因此，职工民主管理要从实际出发，坚持"因地制宜、因企制宜"的原则，工作中不搞"一刀切"，不搞一个模式，注重实际效果。

【思考题】

1. 什么是职工民主管理?
2. 为什么要实行职工民主管理?
3. 职工民主管理的法律依据有哪些?
4. 职工民主管理的功能有哪些?
5. 职工民主管理的形式有哪些?
6. 职工民主管理应当把握哪些基本原则?
7. 谈谈如何加强职工民主管理。

【案例1】

加强民主管理,促进企业与职工和谐发展

2023年03月20日　来源:《人民政协报》

"职工代表大会制度是中国特色现代企业制度的重要内容,国有企业必须不断健全完善职工代表大会制度,坚持全心全意依靠工人阶级的根本方针。""要持续深入推进企业民主管理工作的高质量发展,发自内心地为职工维权,为职工服务。""职工代表大会制度的目的与核心就是要实现职工收入增长和企业效益发展的双赢。"……

据统计,截至2021年9月,全国已建工会的企事业单位单独建立职代会制度的有320.7万家,覆盖职工近2亿人;建立厂务公开制度的有311.8万家。全国两会期间,来自工会界别的全国政协委员们,就"健全以职工代表大会为基本形式的企事业单位民主管理制度"话题展开热烈讨论。大家从亲身经历讲起,提出现实面临的挑战,同时给出意见建议,为推动建立规范有序、公正合理、互利共赢、和谐稳定的社会主义新型劳动关系建言献策。

民主管理让劳动关系双方实现共赢

"从事业单位到全资国有企业再到混合所有制企业,我们单位经历

这一系列改革的过程，可谓零经验、零借鉴。之所以能顺利推进，秘诀就是发挥好以职工代表大会为基本形式的企事业单位民主管理制度的重要作用。"全国政协委员，广东省建筑设计研究院有限公司党委副书记、工会主席陈建飚说起这些年自己的经历，感慨良多。在他看来，充分保障职工的知情权、参与权、表达权、监督权，赢得职工的理解支持和广泛参与，是改革推进的最大保障。

对于陈建飚的经历，全国政协委员、中国华电集团有限公司董事长江毅，全国政协委员、中国化学工程集团有限公司董事长戴和根，以及全国政协委员、宝武集团总经理胡望明也深有同感。

江毅和胡望明都提到，近年来，集团从各层面建立了职工代表大会、厂务公开、职工董事和职工监事等制度，探索实施多层级职代会制度建设，企业民主管理工作取得积极成效。由职工民主参与、提出的合理化建议，不仅有利于企业的科学决策，更在积极解决职工利益诉求的基础上，构建了和谐的劳动关系。

"我们把职代会建设纳入年度重点工作，积极支持职代会依法行使职权，每年都征集、立案职工代表提案近百件，充分调动了职工参与管理的积极性主动性。"戴和根说，近年来，通过健全企事业单位民主管理制度，企业营业收入和资产4年翻了3倍，净利润翻了3.6倍，职工人均收入翻了2.6倍。

国企如此，民企也不例外。全国政协委员，三一集团党委书记、三一重工董事长向文波介绍，公司自创业就开展了"员工建议与意见"的民主管理工作，设立董事长信箱等，近3年来解决各种事项、问题2.7万个，为公司创造了数以亿计的降本收益。

对于委员们谈到的亲身体会，全国政协委员、全国总工会办公厅主任吕国泉认为，中国的民主管理制度是具有中国特色的基层民主政治建设实践，是构建中国特色和谐劳动关系的有力保障，理应落实得更广泛、更充分、更有效。

推动新时代企事业单位民主管理任重道远

虽然我国企业民主管理取得重要进展，但委员们认为，目前依然存在思想认识有待提高、制度建设发展不平衡、法律依据不够充分、民主程序不够规范等问题。对此，委员们提出应从国家层面和企业层面加以思考和改进。

国家层面，全国政协委员，全国总工会副主席、书记处书记马璐建议，总结地方立法和基层实践经验，推动企业民主管理国家层面立法，制定出台"企业职工代表大会条例"，推动修订企业民主管理规定和公司法，完善职工董事和职工监事制度。

全国政协委员，全国总工会副主席、书记处书记杨宇栋认为，应将制定"企业民主管理法"纳入立法规划，将基层创造的有益做法和成熟经验及时上升为制度政策。

"目前，相关法律规定还不够健全，比如在宪法、工会法、公司法、企业法、个人独资企业法等法律中，虽然有关于工会、职代会的一些规定，但并没有做到全覆盖。"全国政协委员，四川省委常委、省总工会主席赵俊民建议，要加强理论研究和顶层设计，优化和完善制度机制，推动以职工代表大会为基本形式的企事业单位民主管理制度更好地发挥效能。

企业层面，一些委员担忧，企事业单位民主管理制度在事业单位、公有制企业和大型民营企业落实情况较好，但在中小微企业和新就业形态领域有效覆盖不够，特别是外资企业推进阻力较大。

对此，全国政协委员，中国兵器工业集团有限公司首席技师马秀丽认为，应进一步拓展形式、畅通渠道，扩大职工代表大会制度的内涵和外延，健全职工代表大会制度、职工代表组长联席会议制度、职工代表巡视检查制度，坚持民主管理常态化，不断激发民主管理工作的生机活力。

"新技术新业态新模式以及新工作方式给传统民主管理实践带来了挑战，需要进一步实现创新发展。"全国政协委员、中国能源化学地质

工会主席蔡毅德认为，各级工会应主动顺应变革，探索网络和新媒体技术在企业民主管理实践方面的合理运用。（记者　奚冬琪）

【案例2】

淮北市总工会
凝心聚力、提挡加速，推动企业民主管理工作纵深发展

2022年10月21日　来源：《安徽工人日报》

近年来，在省总工会和淮北市委的正确领导下，淮北市总工会坚持精准发力、科学用力、持续加力，推动厂务公开民主管理工作走深走实。目前，淮北市国有企事业单位厂务公开、职代会建制率达100%，规上非公企业厂务公开建制率达95%，职代会建制率达92%，涌现出全国厂务公开民主管理工作先进单位4家，市总工会荣获全国推动厂务公开民主管理工作先进单位称号。

精准发力，加快企事业单位民主管理工作步伐

淮北市委认真学习贯彻习近平总书记关于厂务公开民主管理工作的重要指示，明确提出"抓好建章立制、推进规范化建设"等任务。各成员单位闻令而动，落实"一把手主抓、一盘棋推进"，23项民主管理重点任务全部实现"按图施工"。各系统、直属工会对标抓落实，全面清理工作死角盲区。各大企业将民主管理作为保和谐促发展的"必选科目"，全面推行"企业—子公司—车间（科区）"三级体系，打通民主管理工作的"根系末梢"。

为进一步丰富制度体系，淮北市总工会贯彻落实《安徽省企业民主管理条例》《安徽省职工代表大会操作规程》，制定《职代会召开报告与统计制度》，会同淮北市人社局、市工商联将职代会规范召开纳入《和谐劳动关系示范企业评价办法》，将民主管理工作作为"四好商会"创建的重要指标。制定出台领导小组及其办公室工作规则，建立成员单

位任务落实互查制度，将民主管理工作纳入"五型工会"劳动竞赛考核指标。

淮北市总工会在全市开展"聚合力促发展"主题活动，发动企业以"点题征集""揭榜挂帅"等形式"招贤纳士"，发动职工以合理化建议、职工代表提案等形式，助力企业生产经营；开展"同心战疫 共渡难关"活动，动员职工积极建言献策，为企降本增效，鼓励企业坚持不减薪不裁员、勇担社会责任。

科学用力，夯实企事业单位民主管理工作基础

在学习宣传上，淮北市总工会用力提热度，组织编印厂务公开民主管理工作典型案例"口袋书"、职代会操作规程"明白卡"，定向发放给基层工会干部和职工代表，让他们"一手掌握"民主管理知识；依托网络阵地开辟"职代会优秀提案、民主管理典型案例"宣传专栏，有奖征集"最佳评论"；精心编制《民营企业工会工作规范》知识题库，在市总工会官微举办有奖竞答；组建"淮北市民主管理"群，邀请专家学者和劳动关系协调员参与话题讨论，以专业化互动推动工作落细落实。

在培训赋能上，淮北市总工会用力增厚度，将民主管理工作纳入年度基层工会干部培训计划，先后助力500余名工会干部提升工作水平；将民主管理工作纳入非公企业产改工作培训班内容、市工商联民营企业家培训班计划，切实增强企业家民主管理意识；采取市总工会示范、企业跟进的办法，举办职工代表培训班40余期，让3000余名职工代表工作有方法、履职有能力。

在分类指导上，淮北市总工会用力拓深度，在国有及控股企业主推"制度创新"，推广四大企业"三级职代会""三级公开"制度，推动职工代表竞选、车间工会主席直选、"员工议事团"等制度，发挥示范作用；在非公企业主推"规范达标"，普及"审议、报告、建议、公开"四位一体民主管理模式，将"两合同一协议"签订履行，且将职业病防治、社保缴纳等纳入职代会内容；在新业态领域主推"重点攻坚"，已在货运、快递、外卖、网约车等行业成功签订行业集体合同。同时，推广濉溪县、相山区区域性、行业性职代会，以及金龙机电淮北公司党工共建带民主管理等先进经验，实现面上有提升，点上有突破。

持续加力，增强企事业单位民主管理工作实效

淮北市总工会以"民营企业工会规范化建设"集中行动加力。针对民营企业民主管理工作"是什么""干什么""怎么干"三大问题，尤其是职代会召开不及时、会议重形式、提案落实难等现实问题，市总工会联合相关成员单位，通过召开现场观摩会、集中调研、现场指导等形式，精准推动解决。市民政局严把登记关，推动2021年新成立的33家市级社会组织全部建立民主管理制度，市财政局监管的8家国有企业全部规范建立职代会和企事务公开制度。

淮北市总工会以国有非公企业结对共建活动加力，深化结对共建，采取参观学习、上门指导、参与活动、网络互动等方式，不断提升非公企业民主管理工作。淮北顺发食品公司工会在车间设立二级工会，班组建立工会小组，邀请恒源煤矿工会参与《集体合同》履行情况监督检查，切实提升了非公企业民主管理工作的质量。祁东煤矿工会派出专人，全程指导安徽巨成精细化工有限公司职代会筹备工作，推动职工提案高效落实。

淮北市总工会以先进典型征集评选活动持续加力，常态化开展全市职代会优秀提案、民主管理典型案例、企业民主管理微视频等征集推荐活动，累计向省总工会推荐优秀作品100余件；鼓励基层干部职工用心干事、埋头创业，培育涌现出淮北矿业集团、中煤矿建集团等一批先进典型，并利用全媒体对先进典型进行全方位宣传推广，有效激活了基层民主管理工作的"一池春水"。

第二章　职工代表大会制度

一、职工代表大会的性质

《工会法》第 36 条第 1 款规定："国有企业职工代表大会是企业单位实行民主管理的基本形式，是职工行使民主管理权力的机构，依照法律规定行使职权。"理解职工代表大会的性质，可以从以下三个方面来把握。

首先，职工代表大会是企事业单位实行民主管理的基本形式。我国职工民主管理的形式多种多样，但由于职工代表大会具有广泛的代表性、充分的民主性、法定的权威性、组织制度的严密性，所以法律规定职工代表大会是职工民主管理的基本形式。

其次，职工代表大会的主体是全体职工。顾名思义，职工代表大会是由全体职工选举的职工代表组成的。他们代表全体职工行使民主管理权力，表达全体职工的意志，体现大多数职工的利益。因此，职工代表大会实质上是以全体职工为主体的。

最后，职工代表大会是职工依法行使"民主管理权力"的机构。所以，职工代表大会不是企事业单位的最高权力机构，而是职工依照法律规定行使民主管理权力的机构。

二、职工代表大会的特征

（一）职工代表大会具有广泛的代表性和充分的民主性

职工代表大会由职工代表组成，而职工代表又是按一定的民主程序和一定的比例由职工直接选举产生。他们来自各个部门，几乎包括了企事业单位各个方面，既代表职工的意志，又受其监督。另外，职工代表大会议案的提出和决议的作出都要经过一定的民主程序，这样就保证了职工代表大会的代表性和民主性。

（二）职工代表大会具有法律依据和权威性

我国《宪法》第 16 条第 2 款明确规定："国有企业依照法律规定，通过职工代表大会和其他形式，实行民主管理。"第 17 条第 2 款规定："集体经济组织实行民主管理，依照法律规定选举和罢免管理人员，决定经营管理的重大问题。"1988 年七届人大一次会议通过的《中华人民共和国全民所有制工业企业法》第 5 章，专门规定了职工群众的民主管理权利和职工代表大会的 5 项职权。《劳动法》《公司法》《劳动合同法》《安全生产法》等法律法规都规定了企事业单位要通过职工代表大会等形式，实行职工民主管理和民主监督的内容。这些规定为全面建立和健全职工代表大会制度提供了法律保障。

（三）职工代表大会具有严密的组织制度和组织体系

职工代表大会把民主集中制作为根本组织原则，始终体现着大多数职工的意愿和要求。职工代表大会有多级民主管理网络，有职工代表大会主席团，有各种专门委员会（小组），有职工代表团（组）长和专门委员会负责人联席会议，有自己的工作机构和活动制度，这种组织上的系统化和工作的经常化、制度化、程序化，为职工民主管理提供了重要的组织制度保障，这是其他民主管理形式不可比拟的。

（四）职工代表大会制度是我国企业民主管理长期实践的活动结晶

企事业单位实行职工代表大会制度，符合我国目前生产力发展水平、管理水平和职工群众习惯的要求，长期实践证明，它比其他职工民主管理形式更加切实可行、更加有效。

三、职工代表大会的组织原则

职工代表大会实行民主集中制组织原则。民主集中制是民主基础上的集中和集中指导下的民主相结合的制度。民主是集中的前提和基础，没有民主，就不会有正确的集中；在民主的基础上又必须实行必要的集中，离开必要的集中，民主就会失去正确方向和目标，人民当家作主就成了一句空话；只讲民主，不讲集中，就会出现极端民主化和无政府状态；反之，如果只讲集中，不讲民主，就必然出现个人独断专行，官僚主义滋长。

必须把民主集中制原则贯穿于职工代表大会活动的全过程，职工代表大会的每个环节都要严格按照民主程序办事，这样才能真正体现职工代表大会的性质和特点，才能保证职工代表大会的质量，才能充分发挥职工代表大会的作用。

四、职工代表大会的任务

根据有关规定，归纳起来，职工代表大会的任务主要如下。

（一）维护职工合法权益

在当前，劳动关系发生深刻变化，维护职工合法权益的任务需要特别强调。在企事业单位，凡是涉及职工合法权益的重大问题，应当提交职工代表大会讨论，由职工代表大会审议、通过、监督。职工代表大会要依法行使自己的职权，严格把关，保障职工合法权益不受侵犯。

（二）支持行政领导依法行使职权，维护企事业单位正常的生产、工作秩序

职工的利益与企事业单位的利益根本上是一致的，是利益共同体、事业共同体、命运共同体。职工代表大会要积极支持企事业单位的改革与发展。要教育职工以主人翁态度对待劳动，自觉遵守各项规章制度，维护行政领导的权威，维护正常的生产工作秩序，努力完成各项生产工

作任务，不断提高劳动生产率和经济效益，推动企事业单位高质量发展。

（三）监督行政领导

监督行政领导，就是要检查督促企事业单位各级行政领导的工作。监督是职工代表大会的重要职责，是充分发挥职工代表大会作用的主要途径。职工代表大会要加强源头参与和监督，完善职工代表大会各项民主监督制度，依法对行政领导是否正确行使职权、是否在法律法规规定的范围内活动、是否廉洁自律，进行有效监督，推动企事业单位党风廉政建设。

（四）教育职工，提高职工素质

职工代表大会要充分发挥职工群众自我教育的作用，通过各种途径和形式，对职工群众进行思想政治教育、理想信念教育、社会主义核心价值观教育、法律法规纪律教育、科学文化技术教育，提高职工的思想、道德和科学、文化、技术、业务素质，使职工成为有理想、有道德、有文化、有纪律的劳动者。特别要推动产业工人队伍建设改革，提高产业工人队伍整体素质，发挥产业工人骨干作用，维护产业工人合法权益，保障产业工人主人翁地位，造就一支有理想守信念、懂技术会创新、敢担当讲奉献的宏大产业工人队伍。

五、职工代表大会的职权

职工代表大会的职权是指职工代表大会依法应当享有和行使的权力，它是职工代表大会的核心问题。依法落实职工代表大会的各项职权，是搞好企事业单位民主管理，确立职工主人翁地位的重要保证。

根据《企业民主管理规定》第 13 条规定，职工代表大会行使下列职权。

（1）听取企业主要负责人关于企业发展规划、年度生产经营管理情况，企业改革和制定重要规章制度情况，企业用工、劳动合同和集体合同签订履行情况，企业安全生产情况，企业缴纳社会保险费和住房公积金情况等报告，提出意见和建议。

审议企业制定、修改或者决定的有关劳动报酬、工作时间、休息休假、劳动安全卫生、保险福利、职工培训、劳动纪律以及劳动定额管理等直接涉及劳动者切身利益的规章制度或者重大事项方案，提出意见和建议。

（2）审议通过集体合同草案，按照国家有关规定提取的职工福利基金使用方案、住房公积金和社会保险费缴纳比例和时间的调整方案，劳动模范的推荐人选等重大事项。

（3）选举或者罢免职工董事、职工监事，选举依法进入破产程序企业的债权人会议和债权人委员会中的职工代表，根据授权推荐或者选举企业经营管理人员。

（4）审查监督企业执行劳动法律法规和劳动规章制度情况，民主评议企业领导人员，并提出奖惩建议。

（5）法律法规规定的其他职权。

国有企业和国有控股企业职工代表大会除按第 13 条规定行使职权外，行使下列职权。

（1）听取和审议企业经营管理主要负责人关于企业投资和重大技术改造、财务预决算、企业业务招待费使用等情况的报告，专业技术职称的评聘、企业公积金的使用、企业的改制等方案，并提出意见和建议。

（2）审议通过企业合并、分立、改制、解散、破产实施方案中职工的裁减、分流和安置方案。

（3）依照法律、行政法规、行政规章规定的其他职权。

六、职工代表大会的组织机构

（一）职工代表大会主席团

职工代表大会主席团，是由职工代表大会预备会议选举产生、负责职工代表大会会议期间的组织领导工作的机构。主席团成员应有工人、技术人员、管理人员和领导干部，主席团成员由企业工会与职工代表大会各团（组）协商提出候选人名单，经职工代表大会预备会议表决通过。其中，工人、技术人员、管理人员不少于50%。根据需要可从主席团成员中选举产生大会秘书长。秘书长一般由工会主席或副主席担任为宜。

职工代表大会主席团主要负责职工代表大会会议期间的组织领导工作。职工代表大会全体会议由大会主席团成员轮流主持。职工代表大会主席团不实行常任制。其具体职责如下：

（1）主持召开大会，负责大会期间的各项工作；

（2）研究需要大会通过和表决的事项，草拟大会决议；

（3）听取和综合各项职工代表团（组）对各项议案的审议意见和建议，对提案进行修改；

（4）主持大会的表决和选举工作；

（5）处理大会的其他重要事务。

（二）职工代表大会专门委员会（小组）

《企业民主管理规定》第11条规定：职工代表大会根据需要，可以设立若干专门委员会（小组），负责办理职工代表大会交办的事项。专门委员会（小组）成员人选必须经职工代表大会审议通过。

1. 设立专门委员会（小组）的意义和作用

职工代表大会专门委员会（小组），是为职工代表大会行使各项职权服务的专门工作机构。设立专门委员会（小组），可以使职工代表大会更好地开展活动，提高工作效率，发挥应有的作用。设立专门委员会（小组）的意义和作用具体表现如下：

（1）设立专门委员会（小组），有助于职工代表大会各项职权的落实；

（2）设立专门委员会（小组），有助于职工代表大会开展经常性的民主管理活动；

（3）设立专门委员会（小组），有助于吸收更多的职工代表参加日常的民主管理活动。

2. 专门委员会（小组）的设置和人员组成

专门委员会（小组）的设置，应根据职工代表大会行使职权的需要和企事业单位的实际情况来确定。一般应设置生产经营、财务经济、安全劳保、规章制度、生活福利、女工工作、宣传文体和评议监督等常设的专门委员会（小组）。此外，还可以根据需要设置临时性专门委员会（小组）。专门委员会（小组）的人选，一般在职工代表中提名产生，也可以聘请非职工代表参加。专门委员会（小组）的成员，应具有一定的业务水平和组织活动能力，办事公道，在群众中有一定的威信。专门委员会（小组）一般由5~9人组成，大型企事业单位可适当增加。专门委员会（小组）设主任（组长）1名，副主任（副组长）1~2名。各专门工作委员会（小组）的成员，由职工代表团（组）酝酿提出名单，工会委员会汇总平衡，经职工代表大会通过产生。职工代表大会专门委员会（小组）日常工作接受职工代表大会和工会的领导，在工会主持下进行。职工代表大会专门委员会（小组）与工会有关业务工作委员会力求统一，但不要一刀切，要根据工作实际有分有合，建立相应的工作制度和活动制度。职代会各专门工作委员会（小组）一般平时不脱产。由于工作需要占用生产或者工作时间，有权按照正常出勤享受应得的待遇。

3. 专门委员会（小组）的基本职责和任务

职工代表大会各专门委员会（小组）在职代会召开期间，重点工作是参与行政制订有关方案，对提交职代会讨论的有关问题进行审议，提出对某些问题调查研究的报告。职工代表大会闭会期间，重点工作是有目的地开展民主管理活动，检查督促有关部门贯彻执行职工代表大会的决议，听取和反映职工群众的意见、要求和建议。

职工代表大会专门委员会（小组）的职责如下：

（1）平时，经常深入职工群众了解和听取关于本专门委员会（小组）负责范围内的工作意见和要求；

（2）会前，征集、汇总职工代表提案；

（3）会中，上报大会提案，并做好大会交办的各项服务工作；

（4）会后，检查监督大会决议和提案的贯彻落实情况，研究处理属本组织权限内的问题；

（5）办理职代会交办的其他事务；

（6）按规定，向职代会报告工作。

职工代表大会专门委员会（小组）的主要工作任务如下。

（1）生产经营专门委员会（小组）：包括参与劳动技能竞赛、合理化建议活动，审议生产经营计划并监督检查执行情况。

（2）财务经济专门委员会（小组）：包括审议企业资金分配，工资改革，晋级方案，各项资金和职工福利基金等使用方案和财务预决算，并监督检查其执行情况。

（3）安全劳保、规章制度专门委员会（小组）：参与安全、劳保方面规章制度的制订和监督检查。

（4）生活福利专门委员会（小组）：包括处理职工的劳动争议，生活福利工作计划和住房分配方案的制订以及执行情况的监督检查，社会保险、生活救济、互助互济、离退休职工管理等工作。

（5）女职工专门委员会（小组）：包括女职工的"五期保护"、维护女职工合法权益以及幼托工作的监督检查。

（6）宣传文体专门委员会（小组）：主要抓好精神文明建设，包括职工教育培训计划的审议，核心价值观教育、理想纪律等各种思想教育工作的要求，组织文体活动等。

（7）民主评议干部及组织专门委员会（小组）：包括职工代表的选举、管理、培训、搜集整理大会提案、组织实施评议各级领导干部等。

（三）职工代表团（组）长和专门小组负责人联席会议

职工代表团（组）长和专门小组负责人联席会议，是在职工代表大会闭会期间，为解决临时需要职工代表大会审议或审查的某些重要问题，而由工会委员会召集的会议，是职工代表大会制度的重要组成部分。根据《企业民主管理规定》第 12 条规定，可以设立职工代表大会团（组）长和专门委员会（小组）负责人联席会议，根据职工代表大会授权，在职工代表大会闭会期间负责处理临时需要解决的重要问题，并提请下一次职工代表大会确认。

联席会议成员由 3 方面人员组成：一是工会委员会委员，二是职工代表团（组）长，三是专门小组负责人。《职工代表大会条例》规定，联席会议可以根据会议内容邀请企业党政负责人或其他有关人员参加。联席会议至少每季度召开 1 次，遇有工作需要，可随时召开。每次会议必须有 2/3 以上的人员出席方可召开。联席会议由工会委员会召集，工会主席主持。

职工代表大会联席会议在行使职权时应注意的问题：职工代表大会联席会议的主要职权，是协商处理职工代表大会闭会期间需要临时解决的重要问题，包括职工代表大会职权范围内的重要问题和职工代表大会日常工作中的重要问题。联席会议协商处理的问题，应该是临时遇到的、同职工代表大会职权有关的重要问题。属于企事业单位重大决策的问题，应尽可能提交职工代表大会审议。联席会议协商处理的重要问题，要向下一次职工代表大会报告，以得到确认。

七、职工代表大会会议制度

根据规定，职工代表大会每年至少召开 1 次。每次会议必须有 2/3 以上的职工代表出席。遇有重大事项，经行政主要领导、企事业单位工会或 1/3 以上职工代表的提议，可召开临时会议。

职工代表大会议题和议案应当由企事业单位工会听取职工意见后与

企事业单位协商确定，并在会议召开 7 日前以书面形式送达职工代表。

职工代表大会选举和表决相关事项，必须按照少数服从多数的原则，经全体职工代表的过半数通过。对重要事项的表决，应当采用无记名投票的方式分项表决。

职工代表大会在其职权范围内依法审议通过的决议和事项具有约束力，非经职工代表大会同意不得变更或撤销。

企事业单位应当提请职工代表大会审议、通过、决定的事项，未按照法定程序审议、通过或者决定的无效。

八、职工代表大会的议题和提案

（一）职工代表大会议题

职工代表大会议题是指列入职工代表大会议程和提交职工代表大会审议的问题。议题的内容应包括所要审议问题的要点、提出议题的依据、实施议题的方法和步骤等。

职工代表大会要针对企事业单位生产经营管理以及职工切身利益方面的重大问题确定中心议题。确定职工代表大会中心议题的程序一般包括如下四个方面：

1. 在召开职工代表大会之前，由企事业单位工会广泛征求职工代表、各有关部门和职工群众的意见，充分了解当前本单位生产经营管理中存在的主要问题以及职工群众迫切要求解决的重大问题；

2. 企事业单位工会与企事业单位领导进行协商，并提请党委讨论，形成对职工代表大会中心议题的初步意见；

3. 召开职工代表团（组）长和职工代表大会专门小组负责人联席会议进行讨论，征求意见；

4. 由工会向职工代表大会预备会议提出大会议题的建议，并由预备会议审议通过。

遇有重大事项，经行政领导、企事业单位工会或者1/3 以上职工代表提议，召开职工代表大会临时会议，即以该重大事项为议题。

(二) 职工代表大会提案

1. 提案的确定

职工代表大会提案是提请职工代表大会讨论、决定、处理的方案和建议。这些方案和建议由职工代表或者职工群众提出，经职工代表大会提案审查委员会（小组）审查立案后，确定为职工代表大会的提案。

2. 提案的内容

提案的内容主要涉及企事业单位生产经营管理、技术革新、改革改制、内部分配、规章制度、企业文化、职业培训、劳动保护、社会保障和生活福利等方面问题。

3. 提案的形式

提案采用书面形式。包括：提案的名称、理由、依据、具体要求和解决办法。并由提案人和附议人署名，写明联系人、联系电话。

4. 提案征集和处理的程序

(1) 发出征集提案通知，发放提案征集表。

(2) 职工代表填写提案表。

(3) 收集提案并送交工会或提案委员会。

(4) 对提案进行审查，符合条件的立案，不符合条件的退回并予以说明。

(5) 对已立案的提案进行整理、分类登记。

(6) 处理。分送有关领导或有关部门负责处理实施。有关重大问题的提案应提交职工代表大会讨论。

(7) 监督检查。工会或提案委员会对提案落实情况进行监督检查，并在下届职工代表大会上报告提案处理及落实情况。

5. 提案处理制度

(1) 征集提案，要结合职工代表大会工作进行，企事业单位每半年征集1次。

（2）凡征集的提案，由工会负责分类整理。建立提案卡，交有关领导或部门认真研究处理和解答。

（3）领导对提案解答处理的期限，从接到提案之日起，不得超过30天。处理意见要通过会议或提案卡反馈形式与职工代表见面后归档。

6. 提案的基本要求

（1）提案内容要紧紧围绕企事业单位生产经营管理发展等中心工作，特别是事关本单位发展的重大问题和职工关心、关注的热点问题和难点问题，具有较强的针对性、代表性。

（2）提案的内容要符合国家法律法规规章和政策的规定。

（3）提案的内容属于职工代表大会的职权范围。

（4）提案所反映的问题要实事求是，真实可信；提案所提出的解决措施具有较强的针对性、可行性和操作性，便于组织和实施。

（5）提案必须符合职代会提案征集和处理程序，符合基本要求，案名、案由和建议等要素齐全，做到一事一案。

九、职工代表大会的召开

（一）职工代表大会的预备会议

职工代表大会预备会议，由企事业单位工会主持召开，全体职工代表参加。选出大会主席团后，即由大会主席团主持会议。

职工代表大会预备会议的主要程序是：一是选举大会主席团；二是由工会主席汇报本届（次）职工代表大会的筹备情况，提出大会议题和议程的建议；三是通过职工代表资格审查委员会（小组）的代表资格审查情况的报告；四是通过职工代表大会的议题和议程；五是决定大会其他有关事项。

（二）召开职工代表大会正式会议的主要程序

职工代表大会正式会议是职工代表大会行使职权的关键，必须高度重视。职工代表大会主席团要严格按照预备会议通过的议程，依照规定的民主程序，认真主持，开好大会。

职工代表大会正式会议的主要程序一般包括如下。

1. 大会执行主席核实出席大会的职工代表人数。到会职工代表超过代表总数的 2/3，即可宣布开会。开幕词应简要讲清本次大会的目的、意义、中心议题和主要任务。此后宣布大会议程。应当注意会前正式通知职工代表，企业行政方面应安排好生产、工作，保证代表的出席率。职工代表有特殊情况不能出席会议的，应向代表团（组）长请假。

2. 由企事业单位领导人做工作报告。报告主要内容应包括生产经营管理情况、存在的问题及改进措施、企事业单位发展规划、基本建设和重大技术改造方案，住房公积金和社会保险费缴纳情况、劳动用工及劳动合同、集体合同签订履行情况、安全生产情况、有关改善职工生活福利的情况等。如工作报告已事先发给职工代表进行过充分讨论，可针对职工代表提出的意见，作出说明。

3. 由企事业单位行政有关负责人做专题议案的报告。凡应提交职工代表大会审查或审议的方案，均应由行政有关负责人向大会报告，说明制订的依据、目的和具体实施办法，也可针对职工代表对议案的意见，作出说明。

4. 由工会主席及职工代表大会专门小组负责人就上次职工代表大会决议落实情况、职工代表提案处理情况、集体合同执行情况等向大会作出报告。

5. 企事业单位工会主席就职工代表大会闭会期间，职工代表团（组）长和专门小组负责人联席会议处理的重大事项，向大会作出说明，提请大会确认。

6. 以职工代表团（组）为单位，就以上报告、议案分组进行讨论。同时对大会的各项决议草案和需经大会选举的候选人进行酝酿。大会主席团成员分别参加本代表团（组）的讨论。

7. 各代表团（组）应指定专人认真记录职工代表的讨论发言，整理归纳后，将讨论意见向主席团汇报。

8. 大会发言。应安排时间让职工代表在大会上发言，可由各代表团（组）推选代表，在大会上陈述本团（组）讨论审议的意见和建议，也可让职工代表自由发言。

9. 选举。根据有关决定和实际需要，选举参加董事会、监事会、劳动争议调解委员会的职工代表，参加工资集体协商的职工代表等；根据大会主席团的提名，表决通过职工代表大会专门小组的人选；表决通过其他需经职工代表大会选举的人员。

10. 对有关的各项方案和大会决议、决定草案进行表决。

11. 致闭幕词，宣布大会结束。

（三）职工代表大会的决议和决定

职工代表大会在对企事业单位领导工作报告和提交职工代表大会的各项议案认真审议后，应当由职工代表大会作出相应的决议或决定，形成职工代表大会在其职权范围内依法作出的决议和决定。

职工代表大会的决议和决定，可以分为单项和综合两种形式。单项决议和决定，是指职工代表大会就某一项议题作出的单一性决议和决定。综合决议和决定，则是指职工代表大会就审议的多个议题或全部议题作出的综合性决议和决定。单个决议和决定比较简单，职工代表容易作出表决，而综合性决议和决定由于内容比较多，表决时可能会遇到困难。对涉及职工切身利益的重大事项必须采用无记名投票方式分项进行表决。

职工代表大会依照法律法规和民主程序作出的各项决议和决定，具有法定的权威性，应当得到尊重，未经职工代表大会同意，任何组织和个人无权修改、变更。

十、车间职工民主管理

（一）车间职工民主管理

车间职工民主管理是车间职工通过一定的组织形式，对车间职权范围内的事务，依法行使民主管理权力的活动。加强车间职工民主管理，对于进一步完善职工民主管理制度、深化企事业单位内部改革、完善车间管理等方面都有十分重要的作用。

（二）车间（分厂）职工民主管理的形式

《职工代表大会条例》规定：车间（分厂）可以根据具体情况，采取职工大会或职工代表大会、职工代表组等形式，对本单位权限范围内的事务行使民主管理的权力。由此可以看出，车间（分厂）职工民主管理的形式主要有以下几个方面。

1. 车间（分厂）职工代表大会。这种形式与企事业单位职工代表大会相似，主要适用于职工人数较多的车间（分厂）。车间（分厂）职工代表会的职权如下。

（1）听取和审议车间（分厂）行政领导的工作报告，对生产计划措施、技术改造措施、经济责任制方案等重大事项提出意见和建议。

（2）审议通过车间（分厂）的奖金分配方案、劳动保护措施、奖惩办法及其他重要的规章制度。

（3）审议决定本车间（分厂）有关职工生活福利方面的重要事项。

（4）按照企业的安排部署，民主推荐车间（分厂）领导干部。

（5）民主评议车间（分厂）领导干部。

车间（分厂）职工代表大会一般每季度召开1次，日常工作由车间（分厂）工会负责。车间（分厂）职工代表大会召开的程序基本上按照企事业单位职工代表大会程序进行。

2. 车间（分厂）职工大会。这种形式适用于人数较少的车间（分厂）。它是车间（分厂）全体职工直接参加的民主管理形式。车间（分厂）职工大会的职权同车间（分厂）职工代表大会的职权相同。

3. 车间（分厂）职工代表团（组）。这种形式既是代表车间（分厂）职工参加企业职工代表大会的组织，又是车间（分厂）民主管理的形式。

4. 其他形式。车间（分厂）的民主管理，除上述形式外，还可以用其他形式来实现，如民主座谈会、民主咨询会、合理化建议活动、民主信箱等。

【思考题】

1. 职工代表大会的性质是什么？

2. 职工代表大会的任务有哪些？

3. 职工代表大会的职权有哪些？

4. 职工代表大会专门委员会（小组）的基本职责和任务是什么？

5. 职工代表大会的会议制度的主要规定有哪些？

6. 确定职工代表大会中心议题的程序一般包括哪些？

7. 职工代表大会提案征集和处理的程序是什么？

8. 职工代表大会召开的主要程序有哪些？

9. 车间（分厂）职工民主管理的形式有哪些？

【案例 1】

辽宁省交通建设投资集团有限责任公司
以职代会制度规范化建设为抓手　不断提高企业民主管理质量

2021 年 10 月 15 日　来源：《工人日报》

辽宁省交通建设投资集团以职代会制度规范化建设为抓手，强化职工代表主体作用，在推进国有企业改革发展稳定、维护职工合法权益、构建和谐劳动关系方面取得了显著成效。

第一，坚持制度先行，持续推动职代会依法依规运行。集团党委加强对职代会工作的领导，依据相关法律法规，先后制定出台了 5 项规范性制度。一是出台《辽宁交投集团职工代表大会规定》，对职代会的筹备、形式、内容、程序、时限和职权等进行了明确规定；二是出台

《辽宁省交投集团职工代表大会代表选举工作实施方案》，明确名额分配、代表结构、选举程序；三是出台《辽宁省交投集团职工代表提案工作办法》，全面规范提案工作原则及流程；四是出台《辽宁交投集团企务公开实施细则》，全面推进企务公开工作；五是出台《辽宁交投集团职工代表培训制度》，全面提升职工代表参政议政能力。

第二，突出关键环节，持续推动广大职工行使民主权利。一是抓程序规范，确保职代会有效运行。会前由集团专题会议和党委会讨论职代会议题。在职代会上对集团经营改革发展、重大投资任务、提案处理意见等进行审议，对集体合同草案等涉及职工切身利益的重大事项进行表决。二是抓提案质量，确保职工积极建言献策。在职代会召开前发出征集提案通知。职工代表围绕本单位生产经营管理等重点难点热点问题，明确提案案由和提案建议。集团提案工作委员会对每个提案进行一审，对涉及集团经营改革发展和职工切身利益的重要提案提交职代会进行二审，对已立案的提案，负责将有关处理意见落实到责任单位及部门。三是抓民主评议，强化职代会监督职能。会前全面征求职工代表意见，制定民主评议实施方案。召开职代会期间，职工代表对企业领导班子述职进行民主评议。

第三，重视决议落实，持续推动企业高质量发展。一是广泛宣传，深入贯彻。会后集团通过印发职代会决议、开设网上媒体专栏、工会公众号推送、组织各级单位领导干部召开专题宣讲会议等形式对职代会精神进行全面宣传。二是深化落实，确保执行。将职代会通过的各项决议和职工代表提案的执行目标、落实措施及完成时限落实到责任单位，明确责任部门和配合部门，并对落实情况进行督导。三是强化监督，保证实效。制定量化考核办法，开展调研、巡视检查和跟踪考核，并将考核结果作为指标兑现、先进评选的重要依据。（责任编辑：甘晢）

【案例2】

加强和改进民主管理　助力企业高质量发展

2022年10月19日　来源：《大众日报》

　　位于潍坊市坊子区的潍坊裕川机械有限公司，以"民主治企"为目标，通过强化工作体系、规范制度支撑、创新实施路径，让广大职工知企情、参企政、监企政，不断提高民主管理水平，助力企业实现高质量发展。具体路径如下。

坚持"三个强化"，构筑常态化工作体系

　　强化组织领导，坚持高位推动。公司建立了以行政领导为组长、工会主席为副组长、各部门主要负责人为成员的厂务公开领导小组，明确在党委统一领导下，总经理是厂务公开民主管理"第一责任人"。将民主管理作为激发职工劳动热情和创造活力、弘扬"三种精神"、发挥主力军作用的重要途径，作为维护职工合法权益、构建和谐劳动关系的有效措施，放到工作全局中去谋划、部署、落实，定期听取汇报、研究问题，提出要求。形成了"党委领导坚强有力、行政主体主动到位、工会组织协调认真、纪委监督检查有序、职工参与积极热情"的良好局面。

　　强化考核监督，推动责任落实。成立由行政、纪检、工会等组成的企业民主管理监督检查小组，把职工群众知情率和满意度作为考量工作的重要指标，职代会每年至少召开一次，遇有急要事随时召开；厂务公开工作每半年进行一次民主测评；工会与行政沟通协商机制每季度召开一次协商会议，及时解决职工关注的"大事小情"。监督检查小组每季度进行重点抽查，年终全面检查，测评、检查结果作为考核各级负责人的重要依据，并与奖惩任免挂钩。通过考核兑现和问责，倒逼有关领导和部门不断深化认识、改进工作，进一步提高企业民主管理水平。

　　强化源头管控，确保工作实效。将提升职工代表素质和履职能力当

作提高民主管理质效的重要手段，坚持标准，严格执行职工代表推荐选举制度，真正选举出那些懂职工、精业务、敢发言、善监督、职工信任的职工担任代表。同时建立起职工代表评价体系，提出具体目标任务和考核标准，采取述职与评价相结合的方式，通过述职把职工关心的难点热点问题、贯彻落实职代会决议的情况等摆在职工面前，由所在工会小组每月对职工代表进行评价考核，考评结果进行公示。对不能履行代表职责、职工不满意的代表限期整改或建议撤换，促使他们增强使命感、责任感。每年年底结合职工代表变动情况和当年工作绩效、履行职责等情况，反馈到代表所在车间、部室，对表现优秀、绩效突出的职工代表进行表彰奖励。

突出"三个重点"，提供规范化制度支撑

规范职代会制度。以此作为职工参与企业民主决策、民主管理、民主监督的基本制度，做到"三个规范"。一是规范代表产生。按照职工代表中一线职工和科研人员比例不低于80%的要求，在职工代表换届选举前，按照各种岗位职工代表比例要求将名额分配到各车间、部室，确定31名职工代表的构成，并根据实际情况设置了当选职工代表的基本条件和优先条件。二是规范会议召开。为充分发挥职代会"议大事、作决策、定方向"的重要作用，每年在职代会正式会议前都召开预备会议、职工代表进行培训，审议通过筹备工作报告和有关事项的报告，把事关企业发展的重大决策、生产经营的重要问题、与职工切身利益相关的重要事项、企业领导廉洁自律情况等提交职代会审议，做到不审议不出台、不通过不实施，采取无记名投票表决方式，充分体现职工意愿。例如经过职代会审议通过，先后出台《补充养老保险》《员工子女上大学资助》《困难职工帮扶》《大病救助》《退休职工走访慰问》等多项制度，直接惠及广大职工。三是规范会后落实。一般在职代会闭幕后3日内公开会议决议、决定，采取文件传达、公告栏宣传、网上公示等方式，让职工知道表决结果和评议情况，做好大会提案、决定、决议落实的监督检查工作，将执行目标、落实措施及完成时限落实到责任部室，强化监督，保证时效。真正让职工充分拥有了知情权、参与权和决策权，最大限度地保障职工的根本利益。近年来，企业职工稳定率一直保持在97%以上。

完善厂务公开制度。将厂务公开作为做好民主管理工作的重中之重，突出抓好三个环节。一是科学确定公开内容。在广度上向企业生产经营、人才管理、福利政策及党风廉政建设等诸多领域延伸。重点上突出生产经营管理方面的重大问题，包括年度生产经营目标及完成情况、财务预决算、大额资金使用、工程项目招投标、机械设备采购等。深度上及时发布职工切身利益事项，包括每年80人以上的职称晋升、每年不低于5%的工资薪酬调整、每人每年不少于5500元的职工福利、创新大赛优胜者和工艺改进及科研成果奖励、据实交纳职工社会保险等内容全部公开，接受监督。二是创新公开模式。打造双向沟通渠道，实现公司管理层与职工的零距离沟通，有效消除了职工与企业间的矛盾隔阂。形式上由发布公开向互动公开深化，综合利用微信公众平台、视频号、厂务公开栏、短信公众平台、合理化建议、提案办理回复等多种形式，有效拓宽了公开渠道，真正实现了厂务公开无"死角"，职工参与方式更加灵活多样。时间上由定期公开向常态化公开深化，阶段性工作、热点、重点问题及时公开，做到及时、准确、高效。层次上向开放式公开深化，不断完善网络公开流程，设立厂务公开意见箱、总经理接待日、工会主席信箱、举报电话等多种形式、多渠道，使厂务公开层次深化到班组、个人，时效性、覆盖面大幅提升，民主管理深度和广度不断拓展。三是做好结合文章。将厂务公开与改革发展结合起来，把企业的改革、经营、管理、稳定等各项工作决策的确定、计划的制定、实施的过程全程向职工公开；将厂务公开与推进企业文化建设结合起来，把"打造百年企业"的企业愿景、"诚信为本"的经营理念、发展目标、改革创新举措等进行公开，使广大职工都能在一个共同价值观的引领下，形成强大精神动力；将厂务公开与形势任务教育相结合，将企业发展过程中遇到的难点和矛盾进行公开，让每一名职工树立荣辱与共的信念，画好"同心圆"，增强凝聚力和内生动力。

规范工会与行政沟通协商制度。为切实做好职代会闭会期间的企业民主管理工作，公司加强工会与行政沟通协商机制建设。通过多渠道征集、反馈问题，确定协商议题。始终把工资分配制度、奖金、津贴、补贴等分配办法、职工年度平均工资水平及增长幅度等职工最关心、最现实、最直接的利益问题作为协商重点，尽力找准双方的利益平衡点，确保沟通协商为企业和职工都带来实实在在的利益。职工工资在协商的基础上，按照职代会决议，确定"两个高于"的目标，即职工平均工资高于全区同行业职工平均工资，一线职工平均工资高于公司基层管理者平均工资。从 2017 年开始，一直严格执行职工工资每年 5%~20% 的增长机制。对职工建议、诉求，能够及时解决的，当场拍板，提出办理时限，将协商结果、整改意见反馈给职工，接受监督。不能及时解决的，职能部门负责人现场解答，形成的处理意见须现场征得职工满意。有些诉求会直接上报董事长，董事长召集工会与相关部门再次沟通协商，直至问题解决，职工满意度测评一直保持在 100%。

创新"三项举措"，探索多样化实施路径

首先，提升职工代表履职能力。通过定期举办培训班、召开职工代表座谈交流会、外出参观考察等方式，不断对职工代表进行民主管理法规和有关知识培训，组织学习《工会法》《劳动法》《山东省职工代表大会条例》《山东省厂务公开条例》等民主管理、职工权益保护法律法规，增强他们的责任意识、法规意识、履职意识。充分利用职工书屋、职工大讲堂等平台进行专项培训，让职工代表了解民主管理的基本内容，明晰自身职责、权利和义务，提高表达和沟通能力，不断增强职工代表参政议政水平。

其次，创新形式，畅通渠道，搭建职工参与平台。一是坚持开展职工代表巡视，职工代表巡视小组由公司党政工负责人牵头，有关业务部室负责人和职工代表组成。巡视内容主要包括现场管理、安全生产、两堂一舍管理、环境卫生、经济指标完成情况、经营措施落实情况等，采取听汇报、看资料、查现场等方式，检查职代会决议和提案落实情况等，让职工代表及时了解企业发展状况和职工需求，为参与管理、参与决策、参与监督创造条件。二是坚持开展职工代表质询活动，由公司工会负责组织，围绕合同签订、薪酬分配、劳动关系等涉及职工切身利益的事项进行沟通交流，对职工代表提出的一些重大事项和问题召开专题会议，研究解决方案，逐一抓好落实。三是坚持抓好提案督办工作，职代会结束后，工会对职工代表提案进行整理分类、登记编号、督促办理，提案办结后及时进行反馈，开展满意度测评。每年开展优质提案评选活动，对优秀提案人进行表彰奖励。投资80多万元的职工停车场9000平方米硬化改造、餐厅重新整修、澡堂升级改造、门禁更新、安装丰巢快递柜、设立职工书屋、车间增设通风设施、与村委合办幼儿园等项目，都是落实职工代表提案的结果。

再次，强素提能，发挥企业工会职能作用。实行企业民主管理，不仅取决于企业领导有没有依靠职工群众办好企业的思想，还取决于企业工会干部的综合素质，取决于工会组织能否充分发挥作用。裕川公司工会组织从自身特点出发，坚持做到"三有"：有"能"，有良好的理论水平，有良好的沟通协调能力，善于在"说"上下功夫。一方面，对上协调好与公司老板和高层领导的关系，做好相关的工作汇报和反映，取得领导的关心和帮助；另一方面，主动与行政和相关部室协调沟通，取得对问题的理解和认同，赢得他们的配合和支持。既保持上传下达，又保证下情上达，使工会工作和谐发展。有"为"，不断增强"听"的能力，了解掌握职工的工作、生活和最关心、反映最强烈、要求最迫切的热点问题，做到件件有回应、事事有着落，积极为他们提供服务。有"位"，精准工作定位，既充分发挥党委行政联系职工群众的桥梁纽带作用，又主动作为，当好党委行政的参谋助手。立足企业实际，超前思考，针对企业发展的关键措施，职工群众关注的难点热点问题，提前进行对策研究，力争提出切合实际、可操作、成效明显的实施方案，力求参到点子上、谋到关键处。通过扎实有效的工作，不断增强企业工会组织的号召力、影响力、吸引力。（大众报业·大众日报客户端记者　张鹏　通讯员　刘睿报道）

第三章　职工代表大会职权

根据《企业民主管理规定》和其他有关规定，职工代表大会职权可以概括归纳为：审议建议权、审议通过权、审查监督权、评议监督权、选举权等。职工代表大会要按照《企业民主管理规定》并根据《劳动法》《工会法》《公司法》《劳动合同法》等相关法律与有关规定，正确行使职权，使职工代表大会权利真正落到实处，确保职工的主人翁地位。

一、职工代表大会的审议建议权

（一）审议建议权的意义和作用

职工代表大会的审议建议权，是指职工代表大会依法具有对企事业单位生产经营管理重大决策进行审议并提出意见和建议的民主管理权利。职工代表大会正确行使审议建议权，具有十分重要的意义和作用。

1. 充分体现了职工的主人翁地位

职工群众是国家和企事业单位的主人，在基层单位中，职工的这一主人翁地位是以参与管理企事业单位来得到实现的。同时，随着社会主义市场经济的发展和企事业单位改革的不断深入，企事业单位与职工之间的利益关系越来越密切，参与审议生产经营重大决策和其他有关重大问题，日益成为广大职工的迫切要求。《工会法》第20条第2款规定："法律、法规规定应当提交职工大会或者职工代表大会审议、通过、决定的事项，企业、事业单位、社会组织应当依法办理。"因此，随着我国经济体制改革的不断深入，企事业单位在建立现代企业制度过程中，都必须建立健全职工代表大会制度和各项民主管理制度，充分发挥工会组织和职工代表在审议企事业单位重大决策方面的积极作用。

2. 促进企事业单位决策的民主化和科学化

对企事业单位生产经营管理重大问题的决策，关系到企事业单位自身的命运，同时也关系到国家和职工的利益。讲究决策的民主化、科学化是企事业单位实现正确决策的重要前提。

由职工代表大会对企事业单位生产经营管理决策进行审议，可以更好地集中职工的智慧和力量，促使经营管理者的决策方案更加科学、完善。因此，从这个意义上讲，职工代表大会审议生产经营管理重大决策，是实现企事业单位决策民主化、科学化的重要保证，是对企事业单位行政领导行使生产经营决策权的有力支持。

3. 是职工学习管理的重要途径

由职工代表大会审议企事业单位生产经营管理重大决策，可以使职工在民主管理的实践中学习管理，提高管理的能力，促进企事业单位整体管理水平的提高。在审议生产经营重大决策的活动过程中，促使职工代表学习党和国家的有关方针政策和法律法规，学习有关经营管理的知识，提高自己参与管理的能力，在不断积累经验、锻炼提高的过程中，逐步使自己成为企事业单位的真正主人。

(二) 行使审议建议权的内容

根据《企业民主管理规定》，职工代表大会的审议建议权的内容，一般包括企业发展规划、年度生产经营管理情况，企业改革和制定重要规章制度情况，企业用工、劳动合同和集体合同签订履行情况，企业安全生产情况，企业缴纳社会保险费和住房公积金情况以及企业制定、修改或者决定的有关劳动报酬、工作时间、休息休假、劳动安全卫生、保险福利、职工培训、劳动纪律以及劳动定额管理等直接涉及劳动者切身利益的规章制度或者重大事项方案。

1. 企事业单位发展规划

企事业单位发展规划是指企事业单位在较长时期内的发展方向、发展规模和主要经济技术指标的远景规划。长远规划内容包括企事业单位产品发展方向、企事业单位生产发展规模、工艺技术发展的趋势和水平、主要经济技术指标的发展水平、科研的方向和目标、职工教育、职工劳动条件和生活条件的改善计划等方面。企事业单位发展规划是企事业单位发展计划的路线和原则、灵魂与纲领。企事业单位发展规划指导企业发展计划,企事业单位发展计划落实企业发展规划。

在企事业单位发展规划的制订和实施过程中,必须紧紧围绕战略的核心和方向,抓住重点。这是事物的必然规律。抓住了事物的主要矛盾,就抓住了问题的实质,会使问题的解决事半功倍,许多问题迎刃而解。

企事业单位发展的重点,是企事业单位的竞争能力。企事业单位的竞争能力基于对企事业单位内部要素的客观分析和评价,它取决于行业结构和企业相对的市场地位。企事业单位的核心竞争力,才是企事业单位发展规划的实质核心。

2. 年度生产经营管理情况

年度生产经营管理情况是指企业的产品在商品市场上进行生产、销售、服务的发展现状。包括主要产品的产量、主营业务量、销售量(出口额、进口额)及同比增减量,在所处行业中的地位。如:按销售额排列的名次;经营环境变化对企业生产销售(经营)的影响;营业范围的调整情况;新产品、新技术、新工艺开发及投入情况;销售(营业)收入;纳税总额;利润总额;净利润等。

3. 企事业单位改革改制

企事业单位改革改制是指依法改变企事业单位原有的资本结构、组织形式、经营管理模式或体制等,使其在客观上适应企事业单位发展的新的需要的过程。在我国,一般是将原单一所有制的国有、集体企业改为多元投资主体的公司制企业和股份合作制企业或者是内外资企业互转。

改革改制方案内容主要包括：企事业单位基本情况；改制的原因和形式；股权设置意见；国有资产处置意见；债权债务处置意见；职工安置方案；改革改制后企事业单位的管理体制和发展规划；改革改制工作的组织领导和时间安排；其他需要说明的事项等。

职工代表大会在审议企事业单位改革改制方案时，应坚持以下原则：要符合国家有关企事业单位改革改制的法律法规和方针政策；要确保国有资产不流失；要切实保障企事业单位职工合法权益。

4. 规章制度

规章制度是用人单位制定的组织劳动过程和进行劳动管理的规则和制度的总和，也称为内部劳动规则，是企事业单位内部的"法律"。规章制度内容广泛，包括了用人单位经营管理的各个方面。规章制度主要包括：劳动合同管理、工资管理、社会保险福利待遇、工时休假、职工奖惩，以及其他劳动管理规定。

用人单位制定规章制度，要严格执行国家法律、法规的规定，保障劳动者的劳动权利，督促劳动者履行劳动义务。制定规章制度应当体现权利与义务一致、奖励与惩罚结合，不得违反法律、法规的规定。否则，就会受到法律的制裁。

规章制度的制定程序关键是要保证制定出来的规章制度内容合法，具有民主性和科学性。规章制度的大多数内容与职工的权利密切相关，让广大职工参与规章制度的制定，可以有效地杜绝用人单位独断专行，防止用人单位利用规章制度侵犯劳动者的合法权益。

5. 劳动用工

劳动用工指用人单位和劳动者个人签订劳动合同，使劳动者成为用人单位的成员，在用人单位的管理下提供有偿劳动。

目前在劳动用工方面，主要有两种性质的用工，即劳动用工和劳务用工。劳动用工是指用人单位和劳动者个人签订劳动合同，使劳动者成为用人单位的成员，在用人单位的管理下提供有偿劳动。劳动用工适用《劳动法》《劳动合同法》及其他相关规定、解释。劳务用工则是用人单位和劳务人员或者劳务输出单位签订以完成特定工作为目的的劳务合同，由劳务人员或者劳务输出单位自行管理、自行组织生产劳动，完成合同约定工作，获取劳务报酬。劳务用工适用《民法典》等法律法规。

6. 劳动合同

劳动合同是劳动者与用人单位之间确立劳动关系，明确双方权利和义务的协议。根据这个协议，劳动者加入企业、个体经济组织、事业组织、国家机关、社会团体等用人单位，成为该单位的一员，承担一定的工种、岗位或职务工作，并遵守所在单位的内部劳动规则和其他规章制度；用人单位应及时安排被录用的劳动者工作，按照劳动者提供劳动的数量和质量支付劳动报酬，并且根据劳动法律、法规规定和劳动合同的约定提供必要的劳动条件，保证劳动者享有劳动保护及社会保险、福利等权利和待遇。

7. 集体合同签订履行情况

集体合同是指企业职工一方与用人单位就劳动报酬、工作时间、休息休假、劳动安全卫生、保险福利等事项，通过平等协商达成的书面协议。《劳动合同法》第51条规定：企业职工一方与用人单位通过平等协商，可以就劳动报酬、工作时间、休息休假、劳动安全卫生、保险福利等事项订立集体合同。

集体合同签订情况主要是指工会与用人单位开展集体协商的时间、地点、内容，集体合同以及专项集体合同签订的时间、期限、报送登记、生效的情况。集体合同履行的情况主要是指双方当事人是否按照集体合同约定的时间、地点和方法，全面完成集体合同规定的义务，以及集体合同未履行、未全部履行的原因，集体合同履行争议的处理等。

8. 安全生产情况

安全生产是为了使生产过程在符合劳动条件和工作秩序下进行的，防止发生人身伤亡和财产损失等生产事故，消除或控制危险、有害因素，保障人身安全与健康、设备和设施免受损坏、环境免遭破坏的总称。

安全生产是安全与生产的统一，其宗旨是安全促进生产，生产必须安全。搞好安全工作，改善劳动条件，可以调动职工的劳动积极性、主动性；减少职工伤亡，可以减少劳动力的损失；减少财产损失，可以增加企业经济效益，无疑会促进生产的发展；而生产必须安全，则是因为安全是生产的前提条件，没有安全就无法生产。

9. 社会保险费

社会保险是指国家通过立法，多渠道筹集资金，对劳动者在因年老、疾病、失业、工伤、生育而减少劳动收入时给予经济补偿，使他们能够享有基本生活保障的一项社会保障制度。

社会保险费是指依照法律、行政法规及国家有关规定，以职工工资为基数，按一定比例提取的社会保险费，它是社会保险基金的最主要来源。《社会保险法》第 4 条规定："中华人民共和国境内的用人单位和个人依法缴纳社会保险费，有权查询缴费记录、个人权益记录，要求社会保险经办机构提供社会保险咨询等相关服务。"

10. 住房公积金

住房公积金是用人单位及其在职职工缴存的长期住房储金，是住房分配货币化、社会化和法治化的主要形式。住房公积金制度是国家法律规定的重要的住房社会保障制度，具有强制性、互助性、保障性。用人单位和职工个人必须依法履行缴存住房公积金的义务。

根据《企业民主管理规定》，国有企业和国有控股企业职工代表大会除按上述规定行使职权外，还行使下列职权：听取和审议企业经营管理主要负责人关于企业投资和重大技术改造、财务预决算、企业业务招待费使用等情况的报告，专业技术职称的评聘、企业公积金的使用、企业的改制等方案，并提出意见和建议。

1. 企业投资

企业投资是指企业以自有的资产投入，承担相应的风险，以期合法地取得更多的资产或权益的一种经济活动。企业投资可分为直接投资和间接投资，直接投资是指把资金投放于生产经营环节中，以期获取利益的投资。在非金融性企业中，直接投资所占比重较大。间接投资又称证券投资，是指把资金投放于证券等金融性资产，以期获取股利或利息收入的投资。随着我国证券市场的完善和多渠道筹资的形成，企业的间接投资会越来越广泛。企业投资主要靠自筹资金，如企业的生产发展基金、折旧基金、大修理基金和职工福利基金等。

国有企业和国有控股企业投资应当遵守法律、行政法规和国家有关政策的规定，符合企业发展战略的要求，进行可行性研究，按照规定提交职工代表大会审议。

2. 重大技术改造

技术改造是指企业为了提升竞争力、提高经济效益、提高产品质量、增加花色品种、促进产品升级换代、扩大出口、降低成本、节约能耗、加强资源综合利用和三废治理、劳保安全等目的，采用先进的、适用的新技术、新工艺、新设备、新材料等对现有设施、生产工艺条件进行的改造。技术改造是我国工业固定资产投资的一种重要投资方式。实践证明，用先进、实用技术改造传统产业，不仅具有投资少、工期短、见效快等特点，而且不需要再铺新摊子，能有效避免重复建设，同时还有利于优化产业结构、改变增长方式、提高企业的效益和竞争力。技术改造是一项系统工程，涉及面广、政策性强、操作要求高、落实难度大，为确保技术改造顺利实施，达到预期的效果，所以，国有企业和国有控股企业的重大技术改造方案，应当提交职工代表大会审议。

3. 财务预决算

财务预算是一系列专门反映企事业单位未来一定期限（预算年度）内预计财务状况和经营成果，以及现金收支等价值指标的各种预算的总称。财务预算使企事业单位决策目标具体化、系统化和定量化，有助于财务目标的顺利实现。财务决算是根据会计资料对会计年度内企事业单位的业务活动和财务收支情况进行综合总结，是全面、真实地反映企事业单位全年财务状况和财务成果的综合性信息资料。

4. 业务招待费使用

业务招待费是指企事业单位依法为生产、经营业务的合理需要而支付的应酬费用。它是企事业单位生产经营活动中所发生的实实在在、必需的费用支出，是企事业单位进行正常经营活动必要的一项成本费用。企事业单位业务招待费使用情况向职代会报告的内容主要如下：

（1）按政策规定本单位业务招待费可列支数；

（2）本单位业务招待费实际支出数；

（3）业务招待费支出项目和金额；

（4）企事业单位领导班子各成员列支数；

（5）业务招待费支出情况、超支或节约情况，与上年度同期的对比及原因分析；

（6）今后的打算或整改措施；

（7）其他应说明的问题。

5. 专业技术职称的评聘

专业技术职称是指专业技术人员的专业技术水平、能力以及成就的等级称号，是反映专业技术人员的技术水平、工作能力的标志。主要分为初级、中级、副高级和正高级职称。专业技术职称的专业范围领域基本涵盖国民经济生活的各行各业，例如工程、医学、会计、教育、科研等。企事业单位应当建立专业技术职务聘任制度，根据实际需要设置专业技术工作岗位，规定明确的职责和任职条件；在定编定员的基础上，确定高、中、初级专业技术职务的合理结构比例；由行政领导在经过评审委员会评定的、符合相应条件的专业技术人员中聘任，做到公开、公平、公正。由于专业技术职称的评聘关系到广大专业技术人才切身利益，也关系到企事业单位的发展，所以，国有企业和国有控股企业专业技术职称评聘情况应当提交职代会审议，由职代会提出意见和建议。

6. 公积金的使用

公积金，是指依照法律、公司章程或股东大会决议而从公司的营业利润或其他收入中提取的一种储备金。公积金的作用在于增加公司的资本，巩固公司的财产基础，提高公司的信用。公积金依据其积存是否出于法律的强制规定，可以分为法定公积金、任意公积金；依据其积存的来源不同，可以分为盈余公积金和资本公积金。《公司法》第168条规定："公司的公积金用于弥补公司的亏损、扩大公司生产经营或者转为增加公司资本。但是，资本公积金不得用于弥补公司的亏损。法定公积金转为资本时，所留存的该项公积金不得少于转增前公司注册资本的25%。"

7. 企业改制方案

企业改制是指依法改变企业原有的资本结构、组织形式、经营管理模式或体制等。企业改制的核心是经济机制的转变和企业制度的创新，实质是调整生产关系以适应生产力发展的需要。企业改制的目标是建立现代企业制度，现代企业制度中最具有典型性和代表性的是公司制。企业改制应当依法制订改制方案，改制方案的主要内容应包括：改制的目的及必要性，改制后企业的资产、业务、股权设置和产品开发、技术改造等；改制的具体形式；改制后形成的法人治理结构；企业的债权、债务落实情况；职工安置方案；改制的操作程序，财务审计、资产评估等中介机构和产权交易市场的选择等。国有企业的改制方案应提交职工大会或职工代表大会审议。

（三）行使审议建议权的一般程序

对企事业单位生产经营管理重大问题进行决策，就其本身来说，应是一个完整的科学决策过程。在这一过程中，作为企事业单位的领导者，单凭自己的经验与智慧是远远不够的，而需要建立一套民主、科学的决策制度和程序，充分听取广大职工群众的意见和建议。行使审议建议权的一般程序包括以下几个方面。

1. 积极参与决策方案的起草

当企事业单位领导对生产经营管理重大问题有某项决策意向时，可以通过厂情发布会等形式把决策意向及有关情况向职工群众作较为详细的说明，然后由工会和职工代表大会专门小组组织职工代表进行讨论和论证，并向行政领导提出决策意向的建议，帮助行政领导确定或者修正决策意向。

行政领导决策意向确定后，由行政业务部门起草方案。工会参与起草工作，反映职工的意见和建议。草案形成后，送交工会，由工会发动和组织全体职工讨论，为行政领导修改决策草案献计献策。

2. 在正式召开职工代表大会前交全体职工代表提前审议

企事业单位生产经营管理重大决策方案经企事业单位管理委员会讨论后，可以在正式召开职工代表大会前1至2周，把决策方案发给全体职工代表，使职工代表有充足的时间去征求职工群众的意见并进行充分的思考。也可以通过提前召开职工代表大会预备会议或职工代表团（组）长会议等形式，先由行政领导作重大决策的报告，详细介绍涉及决策方案的有关情况，然后听取职工代表的意见。如有可能，还可采取提供两个以上方案，请职工代表在审议过程中进行比较和选择。

行政领导制定的涉及生产经营管理的专项重大决策，应由职工代表大会的有关专门小组进行专题审议。

3. 职工代表大会对决策方案认真审议并形成相应决议

在正式召开职工代表大会对企事业单位生产经营管理重大决策进行审议时，先由有关行政领导作报告，介绍制定决策的依据和采纳职工代表意见和建议的情况。工会主席还可以作讨论审议情况的报告。然后各职工代表团（组）组织职工代表进行讨论，提出进一步修改的意见和建议。最后作出相应决议。

4. 促进方案的实施及决策目标的实现

企事业单位生产经营管理重大问题决策方案在实施过程中，要围绕决策方案的实施经常性地开展各种形式的民主管理活动，如民主咨询、职工代表视察等民主管理活动，吸引广大职工为实现企事业单位的生产经营管理目标作出贡献，保证决策目标的实现。

二、职工代表大会的审议通过权

（一）审议通过权意义和作用

职工代表大会的审议通过权，是指职工代表大会具有对企事业单位集体合同草案、内部分配方案、职工福利基金使用方案、住房公积金和社会保险费缴纳比例和时间的调整方案，劳动模范的推荐人选等的审查同意或否决的权利。

职工代表大会行使审议通过权具有重要的意义和作用，概括起来，主要是以下几个方面。

1. 有利于处理好国家、企事业单位和职工三者的利益关系

职工代表大会审议通过权的内容都涉及职工群众的切身利益，况且这些方面又与国家和企事业单位利益密切相关。对这些问题如何处理，直接影响到能否协调好国家、企事业单位和职工三个方面关系。同时，如果在这些方面不能更好地体现和保护职工的利益，将直接影响到职工群众的积极性、主动性、创造性，不利于企事业单位的发展。

2. 有利于协调经营者与劳动者的劳动关系

在我国社会主义企事业单位，全体职工的根本利益存在着一致性。但是，在建立社会主义市场经济体制过程中，企事业单位内部的经营者与劳动者之间利益将逐步分化，并呈复杂化趋势。职工代表大会行使审议通过权，使经营者与劳动者双方在利益上进行协调，缓解企事业单位

内部的矛盾，促进企事业单位劳动关系和谐稳定。

3. 有利于加强企事业单位管理

企事业单位职工群众是企事业单位生产经营的直接参加者、规章制度的执行者和企事业单位内部分配的直接受益者。通过行使职工代表大会的审议通过权，使职工参与这些涉及内部分配、福利基金使用方案的制订，使得这些措施和制度具有坚实的群众基础，有助于职工自觉遵守、互相监督，从而在企事业单位的生产经营过程中得到贯彻落实，有利于加强企事业单位管理，提高企事业单位的管理水平。

（二）行使审议通过权的内容

根据《企业民主管理规定》和其他有关规定，职工代表大会审议通过权的内容包括集体合同草案、按照国家有关规定提取的职工福利基金使用方案、住房公积金和社会保险费缴纳比例和时间的调整方案、劳动模范的推荐人选等重大事项。

1. 集体合同草案

平等协商和集体合同制度，是工会协调劳动关系，维护企事业单位职工劳动权益的主要手段。工会代表职工与企事业单位进行平等协商、签订集体合同，必须反映广大职工的真实意愿。所以集体合同草案应当提交职工代表大会或者全体职工讨论通过。《工会法》第21条第2款规定："工会代表职工与企业、实行企业化管理的事业单位、社会组织进行平等协商，依法签订集体合同。集体合同草案应当提交职工代表大会或者全体职工讨论通过。"

职工代表大会在审议集体合同草案时，应坚持以下原则：集体合同的内容、形式、签订程序都应当符合法律规定；诚实守信，公平合作；应当兼顾双方合法权益。

2. 职工福利基金使用方案

职工福利基金是指按照结余的一定比例提取以及按照其他规定提取转入，用于单位职工的集体福利设施、集体福利待遇等的资金。

职工福利基金的来源包括：一是按结余的一定比例提取的职工福利基金；二是按人员定额从事业支出或经营支出中列支提取的工作人员福利费都在专用基金中核算。但两者有差别：职工福利基金主要用于集体福利的开支，如用于集体福利设施的支出，对后勤服务部门的补助，对单位食堂的补助，以及单位职工公费医疗支出超支部分按规定由单位负担的费用，按照国家规定可以由职工福利基金开支的其他支出。按规定标准提取的福利费主要用于职工个人方面的开支，用于单位职工基本福利支出，如职工生活困难补助等。在有些具体支出项目上，福利基金和福利费也可以合并使用。

3. 住房公积金缴纳比例调整方案

职工个人缴存的和职工所在单位为职工缴存的住房公积金，属于职工个人所有。住房公积金应当用于职工购买、建造、翻建、大修自住住房，任何单位和个人不得挪作他用。《住房公积金管理条例》第 16 条规定："职工住房公积金的月缴存额为职工本人上一年度月平均工资乘以职工住房公积金缴存比例。单位为职工缴存的住房公积金的月缴存额为职工本人上一年度月平均工资乘以单位住房公积金缴存比例。"第 18 条规定："职工和单位住房公积金的缴存比例均不得低于职工上一年度月平均工资的 5%；有条件的城市，可以适当提高缴存比例。具体缴存比例由住房公积金管理委员会拟订，经本级人民政府审核后，报省、自治区、直辖市人民政府批准。"用人单位申请提高、降低住房公积金缴存比例、缓缴住房公积金，须经本单位职工大会或职工代表大会（工会）讨论同意，并在办理缴存额调整手续前，持相关资料到缴存住房公积金的分中心或管理部办理申请手续。

4. 社会保险费缴纳比例调整方案

社会保险费是指依照法律、行政法规及国家有关规定，以职工工资为基数，按一定比例提取的社会保险费，是社会保险基金的最主要来源。2019 年 1 月 1 日起，各项社会保险费交由税务部门统一征收。

根据国务院办公厅印发的《关于全面推进生育保险和职工基本医疗保险合并实施的意见》，推进两项保险合并实施，实现参保同步登记、基金合并运行、征缴管理一致、监督管理统一、经办服务一体化。

5. 劳动模范人选

劳动模范简称劳模，在社会主义建设事业中成绩卓著的劳动者，经职工民主评选，有关部门审核和政府审批后被授予的荣誉称号。劳动模范是民族的精英、人民的楷模，是共和国的功臣，是最美的劳动者。劳动模范分为全国劳动模范与省、部委级劳动模范，有些市、县和大企业也评选劳动模范。《工会法》第33条规定："根据政府委托，工会与有关部门共同做好劳动模范和先进生产（工作）者的评选、表彰、培养和管理工作。"

劳动模范的评选条件是随着社会的发展进步，党和国家的中心工作的要求不同而不断完善和丰富的。劳动模范的评选程序一般是：所在单位在广泛征求群众意见的基础上，由党政工集体研究确定推荐人选，经职工代表大会或职工大会讨论通过，并在本单位公示后报上级主管部门。

根据《企业民主管理规定》，国有企业和国有控股企业职工代表大会的审议通过权除上述内容外，还审议通过企业合并、分立、改制、解散、破产实施方案中职工的裁减、分流和安置方案。

根据国资委《关于进一步规范国有企业改制工作的实施意见》，国有企业实施改制前，原企业应当与投资者就职工安置费用、劳动关系接续等问题明确相关责任，并制订职工安置方案。职工安置方案必须经职工代表大会或职工大会审议通过，企业方可实施改制。职工安置方案必须及时向广大职工群众公布，其主要内容包括：企业的人员状况及分流安置意见；职工劳动合同的变更、解除及重新签订办法；解除劳动合同职工的经济补偿金支付办法；社会保险关系接续；拖欠职工的工资等债务和企业欠缴的社会保险费处理办法等。

《劳动合同法》第 41 条第 2 款规定："裁减人员时，应当优先留用下列人员：（一）与本单位订立较长期限的固定期限劳动合同的；（二）与本单位订立无固定期限劳动合同的；（三）家庭无其他就业人员，有需要扶养的老人或者未成年人的。"

《劳动合同法》第 42 条规定："劳动者有下列情形之一的，用人单位不得依照本法第 40 条、第 41 条的规定解除劳动合同：（一）从事接触职业病危害作业的劳动者未进行离岗前职业健康检查，或者疑似职业病病人在诊断或者医学观察期间的；（二）在本单位患职业病或者因工负伤并被确认丧失或者部分丧失劳动能力的；（三）患病或者非因工负伤，在规定的医疗期内的；（四）女职工在孕期、产期、哺乳期的；（五）在本单位连续工作满 15 年，且距法定退休年龄不足 5 年的；（六）法律、行政法规规定的其他情形。"

（三）行使审议通过权的一般程序

为了确保职工代表大会行使好审议通过权，要求制定并遵循具体的审议表决程序。一般而言，有以下具体的方法和步骤如下。

1. 拟好草案

拟好草案是一项基础工作。职工代表通过事先参与草案的拟定，能够对需要审查表决的方案有一个全面的了解，有利于更好地履行这一职权。职工代表参与拟定草案，可以分两个步骤。一是行政拟订有关议案（草案）前，应向单位工会通报情况。工会和职工代表大会有关专门委员会（小组）要积极主动地与企事业单位行政方面交换意见。二是在召开职工代表大会之前将草案发给职工代表，由工会或代表团（组）组织职工代表进行讨论，提出修改意见。并在此基础上由工会主持召开代表团（组）长和专门委员会（小组）负责人联席会议，对代表们提出的意见进行归纳和整理，然后转交单位行政。

2. 审查方案

审查方案是行使审议通过权的中心环节，一般可分 3 个步骤。一是单位行政根据职工代表提出的意见，对草案进行修改后提交职工代表大会，并就草案内容及修改情况向大会进行说明。二是代表团（组）长组织职工代表讨论审查。主席团汇集职工代表的审查意见，进行整理，然后向行政领导或者有关部门提出，再作进一步修改。三是有关部门进行修改后，再提交职工代表大会审查，进行表决。表决一般应采用无记名投票方式。

3. 修改方案

这里所提的修改方案，主要有两个方面：一是指被职工代表大会否决的方案，企事业单位行政可重新进行修改，并提交本届或下届职工代表大会重新审查；二是指职工代表大会审查同意后的方案，如企事业单位行政要求修改，则须经职工代表大会讨论同意，或授权职工代表团（组）长和专门委员会（小组）负责人联席会议协商处理，但须向下次职工代表大会报告，予以确认。

三、职工代表大会的评议监督权

（一）评议监督权的意义和作用

职工代表大会的评议监督权，是指职工代表大会具有对企事业单位行政领导干部进行评议监督的权利。《企业法》规定，职工代表大会有权"评议、监督企业各级行政领导干部，提出奖惩和任免的建议"。这是社会主义企事业单位职工群众依法享有的一项重要民主权利。

职工代表大会正确行使评议监督权的意义和作用主要如下。

1. 有利于建立和强化企事业单位自我约束机制

随着我国社会主义市场经济体制的建立和完善，企事业单位逐步成为真正的相对独立法人组织。在企事业单位自主权逐步扩大的情况下，就需要在内部建立一套有效的自我约束和监督的机制，保障职工在企事业单位中的主人翁地位，坚持企事业单位的社会主义方向。职工代表大会对企事业单位行政领导的评议和监督，就是企事业单位内部自我约束和监督机制的一个重要部分。职工代表大会的评议监督，是一种群众监督，是政府主管部门监督和企事业单位党组织监督的基础。

2. 有利于领导干部改进工作，提高工作水平

企事业单位领导干部接受群众的评议和监督，实际上是一个得到职工群众的帮助、向职工群众学习的过程。企事业单位领导干部通过接受群众的评议和监督，使自己的为人和工作得到群众的检验和评价，从而根据群众的意见和要求，努力改进工作，进一步提高自己的政策水平和管理能力，提高工作水平。

3. 有利于密切干群关系

在发展社会主义市场经济过程中，由于企事业单位内部各种利益的分化，领导干部与职工群众的关系比以前更为复杂，再加上不少企事业单位领导干部中不同程度地存在着形式主义、官僚主义和以权谋私等现象，严重地影响企事业单位的干群关系，挫伤职工群众的积极性。通过职工代表大会的评议监督活动，使职工群众的意见及时得到表达和反映，并督促干部克服自己的不足。同时，通过评议监督活动还可以使干群之间互相沟通，加强了解，消除矛盾，密切企事业单位内部的干群关系，增强企事业单位内部团结。

（二）民主评议领导干部的指导思想

职工代表大会民主评议领导干部要以马克思列宁主义、毛泽东思想、邓小平理论、"三个代表"重要思想、科学发展观、习近平新时代中国特色社会主义思想为指导，深入贯彻党的二十大精神，坚持党的全心全意依靠工人阶级根本指导方针，按照党的有关政策和国家有关法律法规进行，促进企事业单位领导班子建设，调动职工的主人翁积极性和创造性，推动企事业单位的改革和发展。

（三）民主评议的对象和范围

职工代表大会民主评议领导干部的对象主要是企事业单位的领导班子成员，主要是企业的厂长（经理、院长、校长）、副厂长（副经理、

副院长、副校长）、党委书记、副书记、董事长、副董事长。企事业单位其他领导人员是否列入民主评议的范围，由各地各部门根据实际情况确定。

职工代表大会对企事业单位领导干部要每年民主评议和测评1次，形成制度。

（四）民主评议的主要内容

职工代表大会民主评议干部要以企事业单位领导干部的任期目标和岗位责任制为依据，对领导干部的德、能、勤、绩、廉进行全面评议。民主评议要坚持实事求是，注重工作实绩，还要把是否尊重、依靠、关心职工群众和勤政廉洁等职工群众关注的问题作为民主评议领导干部的重要方面。民主评议的主要内容是：企事业单位领导班子的领导成员贯彻执行党和国家的方针、政策情况；遵守党纪和国家的法律、法规情况；企事业单位经营管理和国有资产保值增值情况；推进企事业单位精神文明建设情况；作风、精神状态、职业道德、勤奋敬业和廉洁自律等情况。对不同单位不同岗位的领导干部，职工代表大会民主评议的内容要体现相应的特点，一般应包括以下几个方面。

1. 能否自觉坚持马克思列宁主义、毛泽东思想、邓小平理论、"三个代表"重要思想、科学发展观、习近平新时代中国特色社会主义思想，深入贯彻党的二十大精神，认真执行党的路线、方针、政策和国家的法律法规。

2. 能否坚持正确的政治方向，在政治立场、政治方向、政治原则、政治道路上同党中央保持高度一致，增强"四个意识"、坚定"四个自信"、做到"两个维护"。

3. 是否具有履行岗位职责所要求的市场经济知识、必要的科技知识和岗位职责所要求的管理能力。

4. 能否坚定地依靠党组织和广大职工群众办企事业，坚持走群众路线，自觉接受各方面的监督。

5. 是否勤奋敬业，勇于奉献，清正廉洁，艰苦奋斗，开拓进取，扎实工作。

6. 是否谦虚谨慎，努力学习，善于同领导班子成员合作共事。

7. 是否坚持在抓好企事业单位物质文明建设的同时，重视思想政治工作和企事业单位精神文明建设。

职工代表大会民主评议企事业单位领导干部，既要评议领导班子的整体情况，又要评议领导成员个人表现。对企事业行政领导人员，可着重评议民主决策、管理能力、经济效益和工作实绩，以及企事业单位技术更新、设备改造、新产品开发和国内外市场开拓情况。对企事业单位党组织负责人，要着重评议在企事业单位党的建设、精神文明建设、思想政治工作方面的成效和工作实绩，尤其是参与企事业重大问题决策，发挥党组织政治核心作用，围绕单位生产经营加强职工思想政治工作的情况。

（五）民主评议的方法和步骤

职工代表大会民主评议企事业单位领导干部要制定切实可行的实施方案或办法，相信和依靠职工群众，充分发扬民主，严格履行民主程序，与企事业单位人事干部制度改革和考核企事业单位领导班子紧密结合，有组织、有领导、有准备地进行。民主评议和测评的具体步骤如下。

1. 向广大干部和职工群众宣传民主评议领导干部的目的、意义和要求，做好思想动员工作，同时，被评议的领导干部要做好述职准备。

2. 召开职工代表大会（或职工大会），听取民主评议对象的述职。

3. 组织职工代表对述职的企事业单位领导干部进行评议。

4. 组织职工代表采用无记名投票方式对述职的领导干部进行民主测评（参加测评的职工代表人数要符合召开职工代表大会的法定人数）。

5. 整理职工代表的评议意见以及对领导干部的奖惩任免建议，统计测评结果，形成书面材料报送职工代表大会主席团。

6. 评议结果经职工代表大会主席团同意后，报送上级有关干部主管部门，作为对企事业单位领导干部任免和奖惩的重要依据，并向职工代表和被评议的领导干部反馈。

（六）民主评议的组织领导

职工代表大会民主评议企事业单位领导干部要在企事业单位党委统一领导下，由职工代表大会主席团组织实施。企事业单位工会作为职工代表大会的工作机构，负责民主评议领导干部的具体事宜。为了搞好民主评议工作，要建立健全职工代表大会民主评议干部专门委员会（或专门小组）。职工代表大会民主评议干部专门委员会（或专门小组）的组成人员名单，由企事业单位工会提名，经职工代表大会主席团审议后，提交职工代表大会表决通过。其成员一般应由职工代表和企事业单位组织人事部门、纪检监察部门、企事业单位工会等方面有关人员组成。职工代表大会民主评议干部专门委员会（或专门小组）对职工代表大会负责。

（七）民主质询领导人员

1. 民主质询领导人员的内容

民主质询企事业单位领导人员，是职工或职工代表的基本权利。民主质询不同于一般民主对话或咨询，它要求被质询的领导人员必须对所提问题给予回答，因而带有一定的强制性，其实质上仍然是一种民主监督形式。

民主质询的内容，一般是广大职工普遍关注的企事业重大问题，如"热点""难点"等。其内容主要包括：对职工代表大会通过的决议和提案落实情况进行质询；对企事业的重大决策及实施情况进行质询；对职工关注的某一阶段的工作进行质询；对职工关注的某项工作或出现的问题进行质询；对影响较大的干部以权谋私、行贿受贿等问题进行质询；对民主评议、民主考评干部中反映出来的突出问题进行质询；等等。

2. 民主质询领导人员的活动方式

民主质询的活动方式，常见的主要有以下几种。

（1）根据质询的问题和被质询的对象，召开有关的质询会议，职工代表当面质询，有关领导当场解答。

（2）职工代表通过工会或职工代表大会，以书面的形式，对有关问题向有关方面提出质询。被质询的领导采用书面或其他方式答复说明。

（3）职工代表到有关问题的现场，向有关领导提出质询，有关领导现场答复说明。

3. 民主质询的程序和应注意的问题

职工代表大会民主质询企事业单位领导人员要按一定的程序进行。一般是：职工代表提出质询要求（职工代表大会开会期间向主席团提出，闭会期间向工会提出）；职工代表大会主席团或工会确认质询有无必要，认为有必要的，由职工代表大会主席团或工会同被质询人员协商确定质询的时间、地点和方式；按协商的时间、地点和方式进行民主质询；职工代表大会专门小组或工会将质询结果整理成纪要，发给企事业单位领导和有关部门，并督促行政有关部门解决质询的问题，并同时向提出质询的职工代表通报情况。

职工代表民主质询的目的，主要是沟通信息，解决问题，改进工作。因此，作为职工代表在民主质询过程中，要抱着实事求是、坦诚相见的态度，切忌把质询变成责难。作为被质询的领导干部要认真对待职工代表提出的问题和意见，虚心接受批评，努力改进工作。

四、职工代表大会的选举权

职工代表大会选举权，按照《企业民主管理规定》，是指职工代表大会具有民主选举或者罢免职工董事、职工监事，选举依法进入破产程序企业的债权人会议和债权人委员会中的职工代表，根据授权推荐或者选举企业经营管理人员。

(一) 选举职工董事、职工监事

党的十四大确定建立社会主义市场经济体制以来，按照现代企业制度的要求，企业经理层的主要领导人员都是由企业董事会聘任的。《公司法》第 44 条第 2 款规定："两个以上的国有企业或者两个以上的其他国有投资主体投资设立的有限责任公司，其董事会成员中应当有公司职工代表；其他有限责任公司董事会成员中可以有公司职工代表。董事会中的职工代表由公司职工通过职工代表大会、职工大会或者其他形式民主选举产生。"第 51 条第 2 款规定："监事会应当包括股东代表和适当比例的公司职工代表，其中职工代表的比例不得低于三分之一，具体比例由公司章程规定。监事会中的职工代表由公司职工通过职工代表大会、职工大会或者其他形式民主选举产生。"所以，按照《公司法》规定，职工董事、职工监事由职工代表大会或职工大会选举产生。实践证明，由职工民主选举一定数量的职工代表参加董事会和监事会，对于完善公司法人治理结构、深化企业民主管理、维护职工合法权益起到了很好的推动作用。

职工董事、职工监事的产生应履行下列程序：（1）由公司工会组织职工提名候选人，经公司党组织同意后，提交职工代表大会或职工大会选举；（2）提交选举的职工董事、职工监事候选人，必须经职工代表大会或职工大会以无记名投票方式选举，并获应到会职工代表半数以上赞成票方能当选；（3）国有独资公司的职工监事经职工代表大会选举产生后，需报经监事会管理部门批准；（4）职工董事、职工监事因故缺额，根据法定程序，由工会及时提出替补人选，提请职工代表大会或职工大会选举。

(二) 选举依法进入破产程序企业的债权人会议和债权人委员会中的职工代表

债权人会议是指由全体债权人组成，并由全体债权人参加，代表债权人共同意见，讨论决定有关破产事项的临时性组织机构。债权人会议通过对破产程序中的重大事项的决定和对破产程序的监督，来维护债权人的利益，因此，债权人会议是破产案件中债权人维护自身合法权益，发表意见的最重要场所。因此，职工劳动债权要得到充分的保护，职工就应当有权参加债权人会议。《破产法》第59条第5款规定：债权人会议应当有债务人的职工和工会的代表参加，对有关事项发表意见。为便于债权人会议履行职责，使其更具有操作性，债权人会议可以设立债权人委员会。《破产法》第67条第1款规定：债权人会议可以决定设立债权人委员会。债权人委员会由债权人会议选任的债权人代表和1名债务人的职工代表或者工会代表组成。债权人委员会成员不得超过9人。

职工或工会代表参加债权人会议和债权人委员会的规定从程序上保障破产程序中职工的参与权，使职工有机会参与破产进程的每一个环节，使其有机会在这个进程中发表意见，反映职工的意愿，从而达到了保障破产企业中职工合法权益的目的。

（三）根据授权推荐或者选举企业经营管理人员

企业经营管理人员是指在企业中行使经营管理职能、指挥或协调他人完成具体任务的人，其工作绩效的好坏直接关系着企业的发展。按其所处的管理层次可分为高层管理人员、中层管理人员和基层管理人员，按其所从事管理工作的领域及专业不同，可以分为综合管理人员和专业管理人员。企业经营管理人员一般包括：董事长、总经理、财务经理、人事部经理、业务部经理、主管。根据《企业民主管理规定》，职工代表大会可以根据授权推荐或者选举企业经营管理人员。

五、职工代表大会的审查监督权

审查监督权是指根据规定职工代表大会依法审查监督企业执行劳动法律法规和劳动规章制度情况的权利。

（一）监督企业执行劳动法律法规

劳动法是调整劳动关系以及与劳动关系密切联系的社会关系的法律规范总称。它是资本主义发展到一定阶段而产生的法律部门；它是从民法中分离出来的法律部门；它是一个独立的法律部门。我国《劳动法》是国家为了保护劳动者的合法权益，调整劳动关系，建立和维护适应社会主义市场经济的劳动制度，促进经济发展和社会进步，根据宪法而制定颁布的法律。劳动法的贯彻执行直接关系到劳动者的合法权益。为了保障劳动者的合法权益，《劳动法》第 7 条规定："劳动者有权依法参加和组织工会。工会代表和维护劳动者的合法权益，依法独立自主地开展活动。"第 88 条规定："各级工会依法维护劳动者的合法权益，对用人单位遵守劳动法律、法规的情况进行监督。任何组织和个人对于违反劳动法律、法规的行为有权检举和控告。"《工会劳动法律监督办法》第 3 条规定："工会劳动法律监督工作应当遵循依法规范、客观公正、依靠职工、协调配合的原则。"第 14 条第 2 款规定："基层工会或职工代表大会设立劳动法律监督委员会或监督小组。工会劳动法律监督委员会受同级工会委员会领导。职工代表大会设立的劳动法律监督委员会对职工代表大会负责。"

（二）监督企业执行劳动规章制度情况

劳动规章制度是指用人单位的规章制度，是用人单位制定的组织劳动过程和进行劳动管理的规则和制度的总和。也称为内部劳动规则，是企业内部的"法律"。规章制度内容广泛，包括了用人单位经营管理的各个方面。主要包括：劳动合同管理、工资管理、社会保险福利待遇、工时休假、职工奖惩，以及其他劳动管理规定。用人单位制定规章制度，要严格执行国家法律、法规的规定，保障劳动者的劳动权利，督促劳动者履行劳动义务。制定规章制度应当体现权利与义务一致、奖励与惩罚结合，不得违反法律、法规的规定。否则，就会受到法律的制裁。《劳动合同法》第 4 条第 3 款规定："在规章制度和重大事项决定实施过程中，工会或者职工认为不适当的，有权向用人单位提出，通过协商予以修改完善。"

【思考题】

1. 职工代表大会审议建议权的意义和作用是什么？
2. 什么是审议建议权？包括哪些内容？
3. 什么是审议通过权？包括哪些内容？
4. 简述评议监督权。
5. 什么是审查监督权？包括哪些内容？
6. 民主质询企业领导人员的内容和程序是什么？

【案例1】

中铁第四勘察设计院集团有限公司工会
职代会"云上线"　民主管理"不掉线"

2021年11月24日　来源：全国厂务公开民主管理网

铁四院工会认真贯彻落实习近平新时代中国特色社会主义思想，坚持以职工为中心，落实"依靠"方针，广泛实施以职代会为基本形式的厂务公开民主管理，尤其是主动应对疫情带来的不利影响，创新形式、开辟载体、丰富手段，探索形成了线上民主管理的新模式，为促进企业高质量发展发挥了重要作用。

"云上"职代会搭建起企业职工"连心桥"

2020年初，新冠疫情突如其来，铁四院身处疫情风暴最中心，绝大部分职工处于居家隔离、各地分散的状况。面对疫情带来的不利影响，铁四院工会拓宽思路、创新形式、积极筹划。当时，铁四院职代会在疫情前刚刚召开完毕，如何将职代会精神及时传达至基层，让民主管理工作不掉线；如何继续发挥职代会群策群力作用，在疫情防控期间能够逆势而上，布置并完成好年度生产经营各项工作，成为铁四院工会的"心头事"。基于"人人都有手机，家家都有电脑"的实际，和企业自动信息化系统平台，铁四院工会充分利用信息化手段，通过远程视频、企业"云"端、微信会议平台等，将分散在全国各地的职工代表聚集起来，实现了"云上"召开职代会。截至 2020 年 3 月 27 日，28 个应召开职代会（职工大会）的单位全部召开了会议，圆满完成了职代会各项议程。

"云上"职代会严格按照规定程序进行。各单位的每个报告人均通过视频向全体代表作报告，会议所有材料均传达到代表中。报告审议、分团讨论、投票表决、提案征集、民主测评等程序均在"云上"得以实现。特别是各单位的领导干部测评，事关企业生产经营和职工切身利益的重要事项，工会采用二维码或宏景云平台，实现了无记名线上投票表决，确保职工依法履行职权，保障了职工民主管理权利。

2020 年疫情防控期间，铁四院先后召开三次职代会联席会议，线上通过了全国劳动模范推荐人选、《铁四院新型冠状病毒感染肺炎疫情防控期间项目现场人员激励保障暂行办法》、《铁四院职工工服定制方案》等重大事项。各级职代会的及时召开不仅按规定履行了民主程序，更提高了工作效率，也将职代会开成了明任务、定方向、听真言、纳良策，聚力量的胜利大会。

"会议直播开、提案线上传、报告网上审、建议群内提、表决分组投"的新模式，实现了职代会"标准不降、程序不减、内容不少"。也使职代会更加"接地气"，打破了传统会议会场大小、职工代表人数等的限制，吸引了众多职工"云听会"，进一步实现了对职代会规范、高效、有序的"云监督"和"云管理"。

"云端"厂务公开，铺就民主管理"齐心路"

铁四院工会充分发挥互联网、大数据等新兴技术，找准互联网和公开工作的结合点，努力打造厂务公开工作在观念、流程、载体的更新再造，不断增强民主管理工作在网络空间的影响力。

铁四院结合疫情实际，将防疫工作及生产任务同步部署，通过"云端"及时传达上级关于疫情防控工作要求，研究部署应对疫情措施，在特殊时期体现了企业的人文关怀。各单位坚持各类会议报告制度，通过稿件、微信等及时总结和反馈会议情况，广大职工在"云端"联系在一起，孤立的个体与国家、企业的发展联系在一起。为了不影响全国各地重点工程项目的推进，在省委省政府的大力支持下，2020年3月30日（武汉4月8日解封）之前，铁四院共组织30余批，1000多名职工奔赴全国各重点工程返岗工作，确保了国家重点项目建设按期推进，为实现"六保""六稳"作出积极贡献。

复工复产后，针对人员长驻现场，高度分散的现实，工会组织积极呼吁，主动争取，开辟了"职工服务"线上模块，将职工权益维护、厂务公开、绩效考核、教育培训等切身利益内容上网，建立起网络信息库和沟通平台，做到"维权到网、公开在网、考核于网、教育上网"。以手机短信、QQ群、微信群消息等形式，把重要事项及时告知驻外职工；将工作报告、领导讲话制成多媒体网上播放；利用局域网转播职代会，让职工代表和全体职工网上阅读文件，行使职权；建立职工建议库，运用大数据技术，掌握并回应职工关注的热点。

2020年，铁四院利用网站、电子报刊、办公自动化系统发布公文、公告、公示1000多个，千里之外的现场职工点开电脑、拿出手机企业信息一应俱全。"互联网+公开"有效地解决了职工难以集中、时间难以统一、日程难以安排等短板，扩大了职工参与率，推动了民主管理工作再创新。

"线上"建言献策，构筑共建共享"同心圆"

铁四院工会积极动员职工代表在网上提交提案，通过"我为企业发展献一计""合理化建议和技术改进成果征集"等活动搭建平台，广纳群言、广集民智，引导职工为企业转型升级献计献策，提升企业民主管理质量。

为进一步密切联系职工，充分了解民意，铁四院工会制定出台《关于进一步听取处理职工意见和群众诉求的暂行办法》。在所有二级单位室、所、队建立的民主管理委员会制度，依靠职工民主决策，民主监督，提升了职工的主人翁精神和责任意识，激发了职工参政议政积极性。2020 年以来，仅集团公司层面累计征集职工提案意见 218 件，合理化建议 97 条，组织职工代表巡视 2 次，深入基层现场一线调研 28次。各部门认真对待职工的提案、建议，积极抓好整改落实及答复反馈，评选表彰优秀提案 26 件，优秀合理化建议 23 条，优秀提案处理部门（单位）14 个，所有整改答复情况及时向全体职工予以公布。很多职工提案和建议成为企业决策的重要依据，对加强产业布局、明确科研攻关方向、完善企业管理起到了积极作用。有 1 项职工技术创新成果荣获全国职工技术创新成果二等奖。在每年厂务公开民主管理工作检查中，职工的满意度持续保持在 95% 以上。

公开凝聚人心、民主促进发展。铁四院将积极探索线上+线下的民主管理工作新模式。充分发挥民主管理在企业和谐发展中的积极作用，充分发挥职工的聪明才智，努力实现好、维护好、发展好职工的根本利益，团结和带领广大职工，为实现交通强国目标，全面打造"品质四院，百年强院、世界一流"作出贡献。

【案例 2】

凝聚 100% 工会力量
助力"服务企业 1% 工作法"推深走实

2022 年 05 月 13 日　来源：《芜湖日报》

5 月 11 日，市总工会十四届七次全委会审议通过《市总工会贯彻落实"服务企业 1% 工作法"实施方案》，计划通过推动芜湖工匠学院建立运行、推深做实职工创新创效、广泛开展就业援助行动和劳动技能竞赛等 11 项具体举措，凝聚 100% 的工会力量，助力全市"服务企业 1%工作法"推深走实。

提前一步搭桥梁，助力企业稳定发展

积极促进校企交流合作，在全市工会系统内开展企业用工需求和高职院校培养模式大调研，牵头搭建高职院校和企业交流合作平台，开办围绕企业需求、符合工会特色的委培班、冠名班，进一步加强校企合作。探索设立"企业大学"实训基地。充分发挥工会桥梁纽带作用，紧密围绕"紫云英"计划实施，助力驻芜高校毕业生留芜工作，帮助解决企业用工难、用工需求不匹配问题。

加快市总工会与芜湖职业技术学院联合建立芜湖工匠学院项目推进速度，共同打造全市职工综合素质的提升基地和产业工人技能培训的示范基地，通过系统组织开展教育培训、劳动和技能竞赛、名师带徒、帮扶、命名选树等系列工作，为全市企业高质量发展提供人才智库。

广泛开展"工会送岗位 乐业在江淮"工会就业援助行动，整合就业资源，完善网上网下工会就业服务平台建设，缓解企业"招工难"问题，实现更加充分更高质量就业。2022 年，提供 800 家以上企业 1.6 万个以上就业岗位，举办 50 场以上工会线上线下专场招聘会，促使 2000 多名人员实现稳定就业。

做深一步促发展，帮助企业提质增效

围绕国家重大发展战略以及省市重大工程、重大项目、重点产业，围绕企业发展目标和重点任务，围绕促进职工全面发展开展形式多样、主题鲜明的群众性劳动竞赛，引入"揭榜挂帅"竞赛机制，推动在新就业形态领域、数字经济领域开展劳动和技能竞赛，把竞赛活动打造成职工成长成才的平台、企业控本增效的有效手段。2022 年，牵头主办、联办 10 场以上市级示范性劳动和职业技能竞赛，带动全市组织 100 场以上劳动和技能竞赛，积极参加长三角城市群职工技能大赛和技术交流等活动。

推深做实职工创新创效：引导全市工会广泛开展合理化建议、"五小"等群众性创新创效活动；鼓励和支持一线职工开展技术创新活动，做好职工优秀创新成果交流、展示、转化，通过创新创效活动，提高企业生产效率，帮助降低企业生产成本；加强劳模（工匠）创新工作室选树工作，指导县市区工会选树本级劳模（工匠）创新工作室，申报技能大师工作室；探索开展四大支柱产业劳模创新工作室联盟建设，助推四大支柱产业链工人技能提升、创能提升。

积极构建和谐劳动关系，实施劳动关系"和谐同行"能力提升三年行动，培训劳动关系协调员；开展"百千万法律帮扶行动""尊法守法·携手筑梦"服务农民工公益法律服务行动，提供"法律体检"等公益法律服务，指导企业规范用工管理，完善"工会+仲裁+法院"多元化劳动争议调解机制，促进企业和谐劳动关系；探索推进长三角工会法律援助协作机制，加大对困难职工、农民工和新就业形态劳动者的服务力度。

充分发挥集体协商制度作用，不断提高全市要约活动的覆盖面；指导劳资双方就常态化疫情防控下岗位稳定、薪酬待遇、工作时间、劳动安全等问题开展集体协商，引导职工树立对工资增长的合理预期，理性表达利益诉求，实现企业与职工共同发展，围绕双方普遍关心的、涉及职工切身利益的劳动关系相关事项，开展应急、应事、一事一议的灵活协商，突出集体协商效能，努力实现在促进企业发展中维护好职工合法权益。

广泛开展厂务公开民主管理，组织全市各级工会持续推动厂务公开、职工代表大会制度建设，切实把厂务公开民主管理工作融入企业经营管理各方面各环节，进一步增强企业凝聚力、向心力、创造力；推动企业深入开展"公开解难题、民主促发展"主题活动，广泛征集职工提案，组织职工开展劳动竞赛和技能攻关、技术革新等科技创新活动，群策群力破解经营管理难题，提高企业市场竞争能力。

扩展一步见实效，发挥工会积极作用

深化健全大企业联席会制度，通过各级工会发挥桥梁纽带作用，为我市大企业提供一个相互借鉴、学习的平台，实现经验共享、资源共享，促进我市各大企业加强交流，合作共赢。

全额返还小微企业工会经费，助力小微企业健康发展，激发我市经济活力。2022 年，市总工会本级计划全额返还 1052 个小微企业工会经费。同时，加大重点企业重点行业工会经费倾斜力度。

坚持以维护和保障职工休养休息合法权益，保护和促进广大职工身心健康为宗旨，广泛组织开展职工疗休养活动，不断创新职工疗休养基地建设，进一步满足全市职工群众对美好生活的向往，激发广大职工的劳动热情和创新活力。2022 年，全市计划组织 1 万名职工疗休养，推动出台芜湖市职工疗休养基地管理办法，联合市文旅局、农业农村局等部门命名首批市级职工疗休养基地，并择优推荐为省级职工疗休养基地。推动芜湖市职工疗休养基地融入长三角地区职工疗休养基地互认共享平台。

"团结动员全市广大职工建功立业，帮助企业最大限度提质增效，助力芜湖经济社会发展。"据市总工会相关负责人介绍，《方案》坚持围绕中心服务大局，充分发挥工会桥梁纽带作用，通过严密组织实施和分工、责任、部门、人员、时间"五落实"，"聚焦帮助解决我市企业在发展中遇到的有关问题，在助力企业稳定发展、帮助我市企业提质增效、降低企业用工成本等方面持续发力，为我市'服务企业 1%工作法'添砖加瓦"。(记者　俞冰清)

第四章 职工代表

一、职工代表概述

职工代表是企事业单位按照一定的民主程序选举产生、代表广大职工参加职工代表大会、行使民主管理权力的职工。职工代表是职工的代言人，是企事业单位经营管理的参与者，是企事业单位重大决策的参谋。职工代表大会是由职工代表组成的，职工代表的素质直接关系到职工代表大会的质量。因此，选好职工代表，不断提高职工代表的政治、业务、管理水平和参政议政能力，充分发挥职工代表的作用，是坚持和完善职工代表大会制度的重要保障。

二、职工代表的作用

职工代表的作用，是指职工代表通过职工代表大会等民主管理形式发挥自身功能、履行自身职责对单位和职工所产生的影响和实际效果。充分发挥职工代表的作用，对于搞好企事业单位民主管理，调动广大职工积极性、主动性、创造性，促进劳动关系和谐，共谋经济发展都具有十分重要的意义。职工代表的作用主要体现在以下几方面。

（一）贯彻依靠方针，保障职工群众的主人翁地位

全心全意依靠工人阶级是我们党的根本指导方针，也是我们党的一贯指导思想，无论在任何时候、任何情况下对此都不能有任何的动摇。习近平总书记指出："不论时代怎样变迁，不论社会怎样变化，我们党全心全意依靠工人阶级的根本方针都不能忘记、不能淡化，我国工人阶

级地位和作用都不容动摇、不容忽视。"

在企事业单位中依靠工人阶级的核心就是要尊重和落实职工群众的主人翁地位，全心全意依靠职工群众办企事业，切实搞好职工民主管理，保障职工群众的政治、经济和文化权益。职工代表大会是保障职工群众参与管理的有效形式，而职工代表又是职工代表大会的主体和职工参与权的实际实施者。因此，职工代表通过职工代表大会这种有效形式，反映和表达职工群众的愿望要求，认真行使职工代表大会赋予职工代表的各项权利，严格履行职工代表的义务，切切实实为职工权益代言、为企事业单位发展献策，从而调动起广大职工群众的积极性，增强单位的和谐和凝聚力，形成同呼吸共命运的局面，增强职工群众的主人翁责任感，这样通过职工代表的有效工作就能把全心全意依靠工人阶级的方针真正落实到基层。

（二）参与企事业单位管理，代表职工行使民主权利

习近平总书记指出："我们一定要发展社会主义民主，切实保障和不断发展工人阶级和广大劳动群众的民主权利。"参与管理是企事业单位职工的民主权利，但是这种参与必须是有组织地进行的，这就需要有科学完善的制度设计。多年的实践证明，职工代表大会制度及其职工代表就是符合我国企事业单位实际、有利于广大职工行使民主权利的科学完善的制度设计。建立健全和实施职工代表大会制度的目的，就是要通过民主和法治的手段，保障职工行使经济、政治、文化等方面的权利，实现其合法权益，调动、激发其生产工作积极性和对企事业单位的认同感，共同促进企事业单位的和谐稳定与发展。职工代表大会制度的运行离不开职工代表，从职工代表的产生到职工代表大会的召开，从职工代表大会各项职权的行使到会后决议的贯彻与督促，都需要职工代表认真履行自己的职责，充分发挥自身的作用。所以说，职工代表将这种作用发挥得越充分，职工代表大会的质量就越高，广大职工参与管理的民主权利就享受得越实在，其政治、经济、文化、社会权益就越有保障。

（三）发挥模范带头作用，共谋、共促企事业高质量发展

职工代表是职工群众推选出来、代表职工参加企事业民主管理的职工。他们来自职工群众、代表职工群众、受职工群众委托把大家的良好愿望集中起来，反映上去，又把党的方针、政策和职工代表大会的各项决议、决定传达下来，贯彻到工作中去。他们所处的承上启下的重要位置和所肩负的重要职责决定了他们在许多方面都应该成为职工群众的模范，应该成为遵守法律法规和用人单位规章制度的模范，成为带头学习、带头实践、努力提高思想政治觉悟和管理水平的模范，成为带头贯彻职工代表大会决议及其所通过的各项重大决策的模范。职工代表只有努力成为上述方面的模范，才能赢得职工群众的信任和拥护，更好地联系职工群众、组织职工群众、宣传引导职工群众、代表职工群众参与管理，激发起广大职工的主人翁积极性、主动性和创造性，共同为企事业单位的发展献计出力，从而增强企事业单位的活力和核心竞争力，促进企事业单位的高质量发展。

三、职工代表的产生

（一）职工代表的条件

职工代表的条件分基本条件和素质条件。

基本条件：按照法律规定享有政治权利、与用人单位建立劳动关系的职工均可当选为职工代表。与用人单位建立劳动关系的职工是指与企事业单位签订了劳动（聘用）合同建立劳动关系的职工，同时，也包括与企事业单位存在事实劳动关系的职工，即必须是本单位的职工。同样的道理，当职工代表与企事业依法终止或者解除了劳动关系，其代表资格自行终止。

素质条件：职工代表应当有一定的政治觉悟和政策水平；有一定的文化水平、业务技术知识；有一定的法律法规和政策知识；有一定的语言表达能力和参与管理的能力；能顾全大局，立足岗位，做好本职工

作；有较强的责任感和使命感；关心集体、遵章守纪，办事公道，为人正派，密切联系群众，在群众中有一定的威信。

（二）职工代表的人数

职工代表的人数，根据《企业民主管理规定》，企业召开职工代表大会的，职工代表人数按照不少于全体职工人数的5%确定（大型企事业单位的比例还可以小一些），最少不少于30人。职工代表人数超过100人的，超出的代表人数可以由企业与工会协商确定。

（三）职工代表的比例

职工代表的比例，是指职工代表中各类人员所占的比例。为了保证职工代表有广泛的代表性，职工代表中应有工人、技术人员、管理人员、领导干部和其他方面职工。一线职工代表一般不少于职工代表总数的50%。企业中层以上管理人员和领导人员一般不得超过职工代表总人数的20%。有女职工和劳务派遣职工的企业，职工代表中应当有适当比例的女职工和劳务派遣职工代表。以上规定表明，在职工代表构成中，普通职工代表须占多数，只有这样，才能保障职工代表大会的群众性、民主性，才能真正反映广大职工群众的意愿和要求，使职工代表大会切实成为职工行使民主管理权力的机构。

（四）职工代表的选举

职工代表实行常任制，可连选连任。每届职工代表，应按规定程序进行选举。职工代表选举的基本程序如下。

1. 制订选举方案。企事业单位工会应根据职工人数和行政机构设置状况，确定职工代表总数及名额分配方案，并根据单位实际情况按车间、处室或班组划分选取，分配名额，制订具体的选举办法。职工代表选举方案应报同级党委审查。

2. 进行宣传发动。企事业单位工会要通过各种途径和形式，如广播、报纸、电视、板报、网络等，广泛宣传职工代表大会的性质、意义、任务、职权以及职工代表的条件、权利、义务等，提高广大职工群众的认知程度。要把选举过程作为民主管理教育的过程，使职工充分认识选好职工代表的重要性，以高度负责的态度来选好职工代表。

3. 推荐职工代表候选人。在宣传发动的基础上，工会组织职工按选区（单位）、名额、比例，采取民主推荐和个人自荐的方式，充分发扬民主，进行充分酝酿讨论，提出职工代表候选人。

4. 选举职工代表。各选区按照分配的代表名额，直接选举产生职工代表。参加选举的职工人数须超过所在选区职工总数的 2/3 以上，候选人须获得选区职工半数以上选票方能当选。大型企事业或集团，可以在分厂（分校、分院）或车间职工代表大会的职工代表中推选产生企事业单位职工代表大会的职工代表。企事业单位党政工团主要负责人也应分到各选区，以普通职工的身份参加选举。职工代表的选举方法一般是采用差额选举和直接选举相结合的选举方法。职工代表的选举方式一般是采取无记名投票方式。

5. 资格审查。由职工代表资格审查委员会（小组）对选出的职工代表进行资格审查。审查的主要内容是：选出的职工代表是否是享有政治权利的本单位职工；选举过程中是否严格按照民主程序，是否存在不正当的竞选行为等。对不符合规定的，应取消其代表资格。

6. 组成各代表团（组）。职工代表选出后，应按选举单位的行政隶属关系，组成代表团（组），选举产生代表团（组）长。

（五）职工代表竞选制

职工代表竞选制，是指企事业单位职工要成为职工代表应通过竞选。职工代表竞选制，把竞争机制引入职工代表选举，是用民主的力量解决企事业发展中的新情况、新问题，是对传统思想、理念、方式的一大超越，是落实党的全心全意依靠工人阶级指导方针的具体行动，是时代的进步，是基层民主政治建设的突破。

职工代表竞选制，是在职工代表的选举产生中引入竞争机制，由职工对竞选人直接投票选举产生职工代表。它包含了两个重要过程：首先由职工自愿报名参与竞争职工代表；然后由职工对竞争者投票民主选举直接产生职工代表。竞争可以使一批优秀的高素质的职工成为职工代表候选人，从源头上保证了职工代表的素质，增强了职工代表的责任感、使命感，使职工代表大会"管用"的问题得到了落实，在企事业单位的改革、发展与生产经营中实实在在地发挥作用。

职工代表竞选的程序一般如下。

1. 按照各单位分配的职工代表名额，依照职工代表竞选条件，由职工所在选区自愿报名，或由职工所在选区工会组织推荐，本人填写自荐登记表，报企事业单位工会。

2. 对各选区报送的竞选职工代表名单，由企事业单位工会提交代表资格审查委员会（小组）进行审核，确定竞选代表候选人名单，并及时通知各选区召开职工大会进行竞选。

3. 竞选人在本单位职工大会上进行竞选演讲，职工现场提问，竞选者现场答辩。

4. 职工投票选举职工代表。选举时，职工实到人数必须要达到应到会人数的 2/3 以上，而当选职工代表的得票数必须过半数。

5. 各选区要根据竞选者得票数当场公布选举结果，并将结果报企事业单位工会备案。

（六）职工代表的任期、补选与撤换

1. 职工代表的任期

职工代表实行常任制。常任制是指职工代表一经选举产生，在规定的任期内，不论是开会还是闭会期间，始终享有职工代表的权利和负有职工代表的义务。根据一些企事业单位的实践，职工代表的任期一般应与企事业单位职工代表大会的任期、工会会员代表大会的届期及其代表的任期相一致，即 3 年或者 5 年。

2. 职工代表资格的终止

依法终止或者解除劳动关系的职工代表，或者退休、死亡、调离本单位的职工代表，其代表资格自行终止。

3. 职工代表的撤换

根据规定，职工代表在任期内出现下列情况时，原选举单位有权撤换。

（1）职工代表因违法乱纪被依法剥夺政治权利或被单位开除的，应立即取消其代表资格。

（2）无故不参加职工代表大会活动，严重失职的。

（3）因停薪留职、长期病假或事假、脱产学习等情况，不能参加职工代表大会各项活动的，以及因其他原因不能履行代表义务，失去选举单位职工信任的，也都应予以撤换。

撤换职工代表的一般程序如下。

（1）由选举单位职工提出撤换职工代表的要求，工会及时调查核实。

（2）原选举单位召开会议讨论，被撤换的职工代表可参加会议并可申辩。

（3）经选举单位讨论，半数以上职工同意，即可作出撤换职工代表的决定。

（4）原选举单位将撤换职工代表的决定报告企事业单位工会，由企事业单位工会宣布并备案。

（5）选举单位职工按照民主程序，选举新的职工代表，经职工代表资格审查委员会审查替补被撤换职工代表的缺额。

4. 职工代表的补选

职工代表资格终止或者被撤换，因此而出现的代表缺额就需要补选。缺额应由原选举单位按照规定补选。补选职工代表的程序如下。

（1）由补选单位代表团（组）向企事业单位工会提出补选职工代

表的要求。

（2）企事业单位工会对补选职工代表的要求及时进行研究，作出决定后，由要求补选的单位补选。

（3）经补选单位的选举人过半数通过方为有效。

（4）补选结果报企事业单位工会备案并张榜公布。

（七）列席代表和特邀代表

职工代表大会根据需要，可以请一些不是职工代表的单位领导和有关部门负责人作为列席代表参加会议，也可以根据需要请一些离退休的老领导、老职工及职工家属、模范人物作为特邀代表参加会议，使大会具有广泛的代表性。列席代表和特邀代表在职工代表大会上有发言权，但没有选举权、被选举权和表决权，一般也不参加民主评议企事业单位领导干部。

四、职工代表的权利和义务

明确职工代表的权利和义务是职工代表严格履行自身职责、做好工作的前提，也是对职工代表的基本要求。

（一）职工代表的权利

根据《企业民主管理规定》的第 28 条规定，职工代表的权利是：

1. 选举权、被选举权和表决权；

2. 参加职工代表大会及其工作机构组织的民主管理活动；

3. 对企业领导人员进行评议和质询；

4. 在职工代表大会闭会期间对企业执行职工代表大会决议情况进行监督、检查。

（二）职工代表的义务

根据《企业民主管理规定》第 29 条，职工代表的义务是：

1. 遵守法律法规、企业规章制度，提高自身素质，积极参与企业民主管理；

2. 依法履行职工代表职责，听取职工对企业生产经营管理等方面的意见和建议，以及涉及职工切身利益问题的意见和要求，并客观真实地向企业反映；

3. 参加企业职工代表大会组织的各项活动，执行职工代表大会通过的决议，完成职工代表大会交办的工作；

4. 向选举单位的职工报告参加职工代表大会活动和履行职责情况，接受职工的评议和监督；

5. 保守企业的商业秘密和与知识产权相关的保密事项。

职工代表履行职责受法律保护，任何组织和个人不得阻挠和打击报复。职工代表在法定工作时间内依法参加职工代表大会及其组织的各项活动，企事业单位应当正常支付劳动报酬，不得降低其工资和其他福利待遇。

（三）正确认识职工代表的权利和义务

职工代表如何正确认识自己的权利和义务，概括起来，应从以下几方面来把握。

第一，是权利和义务的统一性。权利和义务是相互对称和不可分离的，没有无义务的权利，也没有无权利的义务。权利和义务的辩证统一性说明，权利和义务是紧密相关的。一方面，权利是履行义务的前提和保证；另一方面，义务又是实现权利的基础和途径。所以，每一位职工代表，不仅要依照国家法律法规和企事业单位有关规定，正确行使民主管理权利，还要以国家主人翁的精神，模范遵守国家法律法规和企事业单位各项规章制度，爱岗敬业，做好本职工作。如果只强调职工代表的权利行使，而放松其对义务的承担，或者倒过来，只要求职工代表尽义务，而不给职工代表充分的权利，这两种偏向都是不对的。因此，作为职工代表，应当正确认识和把握权利和义务的辩证关系，并努力在实际工作中把两者有机地统一起来，更好地发挥作用。

第二，是权利和义务的相对性。职工代表的权利和义务既是统一的，又是相对的。在法律上一个主体享有权利，另一个主体必定负有相应的义务，而同一个主体当其所面对的另一个主体发生改变时，其权利和义务也会相应发生变化，即权利会变成义务，义务也会变成权利。职工代表通过职工代表大会等民主形式参与企事业单位管理，对企事业单位来说，这是职工代表的权利，但对企事业单位的职工群众来说，这又是职工代表应尽的义务，因为他们是由本单位职工选举产生的并代表其行使参与管理权的，因此，职工代表必须对他们的选举人即本单位职工负责。

第三，是权利和义务的严肃性。职工代表的权利和义务是国家法律规定的，既要受到法律的制约，也要受到法律的保护，职工代表必须在法律法规和制度规定的范围内进行活动。职工代表的权利和义务又是由企事业单位职工代表大会的性质和职权决定的，它体现了职工在企事业单位当家作主的地位和作用，因而具有一定的权威性。

第四，是权利和义务的现实可行性。职工代表的权利和义务是从我国企事业单位的现实情况出发，以民主管理实践为依据而规定的，具有现实可行性。职工代表认真行使民主管理权利，履行应尽的义务，有利于保障职工的主人翁地位和维护职工的合法权益，有利于构建和谐劳动关系，也有利于调动、保护和发挥好广大职工的积极性、主动性、创造性，促进社会生产力的提高和经济社会的高质量发展。

总之，职工代表要增强权利义务意识，既要认真行使自己的权利，又要严格履行自己的义务，为企事业单位发展献策，为职工权益代言，当一名合格的职工代表。

五、充分发挥职工代表的作用

职工代表受职工群众的委托参加民主管理，行使民主权利，努力反映和表达职工群众的意愿和要求，并对职工群众传达、解释职工代表大会决议和决定，以实际行动带头认真贯彻落实职工代表大会的决议和决定。充分发挥职工代表的作用，直接关系到职工代表大会的质量和会议决议的贯彻执行，直接关系到职工民主管理工作的成效。因此，充分发挥职工代表的作用，对提高职工代表大会的质量，搞好企事业单位民主管理，团结广大职工努力推进企事业单位高质量发展有着重大意义。

（一）职工代表要有一种荣誉感和责任感

职工代表肩负着职工群众寄予的重任，代表职工群众行使审议企事业单位重大决策、监督行政领导、维护职工合法权益的任务。这是一种无上的荣誉和责任，也是一种积极的鞭策。激发职工代表的荣誉感和责任感，让职工代表充分发挥自身聪明才智，为企事业单位发展出谋划策，充分发挥他们在职工群众中的骨干带头作用。

（二）职工代表要勇于做职工群众的代言人

职工代表只有在日常生活中主动热情地为职工群众排忧解难，与职工群众打成一片，事事以身作则、处处做出榜样、遇事主动同群众商量、虚心听取群众意见、把自己置于职工群众的监督之下，才会得到职工群众拥戴和支持，同时也才能够从职工群众中得到智慧和力量。职工代表在参加各项活动时，要以高度的责任感对职工群众负责，要敢于如实、全面地表达和反映职工群众的意见和要求。

（三）职工代表应主动参与，切实维护职工的合法权益

职工代表应主动参与到职代会的各项活动中，在会前深入调研、征求职工群众意见，认真撰写提案；会中通过审议工作报告和议案、评议行政领导，充分行使职代会的各项职权；会后向职工群众宣传职代会通过的决议和决定，监督职代会议案的落实。通过这一系列的活动，从源头上主动参与到维护职工的合法权益中，这既是职工代表职责的体现，也是职工代表充分发挥自身作用的原动力。

（四）职工代表要如实全面地表达和反映职工群众的意见和要求

职工代表在参与企业管理的各项活动中，要牢记自己是职工群众的

代表，是在代表职工群众行使民主管理权利，自己的一言一行要对职工群众负责，不能以个人的意见和见解来代替群众的意见。因此，要如实地尽量全面地表达和反映职工群众的意见和要求，坚持以事实为根据来说话。在表决时，不要盲目随波逐流，也不要害怕别人的议论，要敢于表达自己所代表的职工的意见。要如实传达职工代表大会决议和决定，力求做到传达不走样，不遗漏主要精神，千万不能因为个人的意见被否决，就进行片面的宣传和解释。

（五）职工代表要不断提高自身素质和能力

职工代表要加强学习，认真学习习近平新时代中国特色社会主义思想，学习政治、经济、历史、文化、科技、法律、民主管理和工会业务等知识，不断提高政治素质、科学文化素质、心理素质、业务素质、参政议政能力，改进工作方法，提高工作效能。

【思考题】

1. 职工代表的作用是什么？

2. 职工代表的条件是什么？

3. 职工代表比例有什么要求？

4. 职工代表选举有哪些程序？

5. 职工代表的权利和义务有哪些？

6. 如何当一名合格的职工代表？

【案例1】

陕煤集团神木柠条塔矿业有限公司
抓住职工代表素质提升关键　确保职代会高质量发展

2021 年 10 月 15 日　来源：《工人日报》

神木柠条塔矿业有限公司以"维护职工权益、促进企业发展"为宗旨，以强化职工代表素质提升为关键，以确保职代会高质量运行为目标，不断提高公司民主管理水平。

第一，严格职工代表素质标准，提升职工代表履职能力。一是在推选中产生职工代表。严格执行职工代表推荐选举制度，由推举参选的职工围绕如何履职尽责当好代表进行演讲。二是在培训中提升履职素养。通过定期举办培训班、召开职工代表座谈交流会等方式，不断提高职工代表参政议政能力。三是在述职考评中优胜劣汰。采取述职与评价相结合的方式，对职工代表进行考评考核。建立职工代表评价体系，对职工代表提出具体目标任务和考核标准，由各基层工会每月进行考评，考评结果进行公示。

第二，搭建职工代表履职平台，履行职工代表法定义务。一是坚持开展职工代表巡视。职代会安全生产委员会坚持每半年深入井下现场、地面厂区，进行专项巡视检查；职代会生活福利委员会以两堂一舍管理、地面环境卫生等工作为重点，坚持每月进行检查考核；职代会经营管理委员会坚持每季度对经济指标完成情况、经营措施落实情况开展巡视检查。二是坚持开展职工代表质询活动。质询活动由公司工会负责组织，围绕合同签订、薪酬分配、劳动关系等涉及职工切身利益的事项，进行沟通交流，对职工代表提出的一些重大事项和问题召开专题会议，研究解决方案，逐一抓好落实。三是坚持抓好提案督办工作。每次职代会对上次职代会的提案落实和本次职代会的提案征集情况向职工代表进行报告。

第三，打通职代会建设最后一公里，创建职工代表网上阵地。一是建立网上阵地。利用智慧工会平台，创建职工代表网上阵地，打造"互联网+"职代会。二是职代会信息共享。在智慧工会平台设立职代会专栏，对职代会工作报告、重大事项、测评结果、职代会决议以及职工代表巡视等情况进行公示。三是畅通网络渠道。开通提案直通车专栏，对职代会以及职工代表质询会召开情况进行全方位在线直播或重播；设计网络问卷调查和投票栏目，对公司民主管理进行满意度测评、对公司职工急难愁盼事项进行线上调查。

【案例2】

方大特钢：坚持厂务公开　深化民主管理
企业和员工同发展

2021 年 5 月 1 日　来源：中新网江西

日前，方大特钢召开第十八届四次职工代表大会暨第十六届四次工会会员代表大会正式会议。通过广泛征求意见和建议，经预备会各位代表深入讨论，全体员工代表一致认同、支持并全力以赴执行 2021 年目标任务和各项措施。

近年来，方大特钢从企业实际出发，以职代会作为厂务公开的主要载体，积极探索、勇于实践，保持了企业和谐稳定高质量发展。

民主管理，厂务公开制度化

方大特钢是辽宁方大集团旗下上市公司之一。纵观辽宁方大集团所属企业，大部分是并购、重组、混改而来的，有国企有民企。值得一提的是，在并购、重组、混改前，这些企业绝大部分都是亏损。在进入辽宁方大集团后，该集团没有派一个人到并购、重组、混改的企业，而是只给体制的输入、资金的注入，企业当年或者是一年多便扭亏为盈。该集团董事局主席方威表示，这说明了党和政府给我们培养了很多人才，同时也是我们干部员工共同努力的结果。

企业有人才，就要充分发挥人才在企业发展中的重要作用。

按照"方大发展为了员工，方大发展依靠员工，方大发展的成果由员工共享"的理念，2009 年改制后的方大特钢坚持推行厂务公开制度，成立公司董事长任组长，公司总经理和公司党委、工会分管领导任副组长的公司厂务公开领导小组，建立公司党委统一领导，党政工共同负责，各部门具体承办，审监法务、公司工会监督协调，员工群众全员参与的工作体制和运行机制；依据《劳动法》《公司法》《工会法》《江西省厂务公开条例》等有关法律法规，制定《厂务公开民主管理的实施办法》；以合法、协商、保密、职代会制度和企业发展相一致为原则，明确规定对企业生产经营管理和改革发展方面的问题、涉及员工切身利益方面的问题、公司党风廉政建设方面的问题进行厂务公开，由此让员工有更多的知情权、参与权、表达权，集众智、凝众力助力企业发展。2020 年，该公司实现归属于上市公司股东的净利润 21.40 亿元，是 2009 年的 64.85 倍，且在中钢协对标企业排名中吨材利润位列第一。

广开渠道，厂务公开多样化

职代会制度是我国法律规定的职工民主管理的基本制度，它既有法律的权威性，又有广泛的群众性和代表性，因此，为了使厂务公开制度具有合法性、长期性，方大特钢以职代会为主要载体实施厂务公开。

同时，该公司完善职代会代表团长联席会制度。依照有关规定，职代会代表团长联席会由职代会授权，在职代会闭会期间，对职代会职权范围内的一些重大问题和属于厂务公开范围的重要问题，按照民主集中制原则进行审议表决。因此，它也是职代会闭会后厂务公开的主要决议形式。方大特钢职代会代表团长是经过民主选举产生的，近年来经职代会代表团长联席会讨论通过的发放员工红包、利润奖励提取及分配办法、员工守则等议案，实施效果令职工满意。

为把厂务公开工作做得更好，该公司还通过行文、会议、公开栏、内部资料、局域网、微信公众号等平台经常性地公布公司的重要情况及员工关心的问题，人员招聘、先进评选、奖励考核、福利待遇、招标中标等事项均进行公示；建立多渠道、多层次、多形式的经常性民主管理、民主监督制度，如召开员工代表意见征询会、开展满意度测评、加强信访接待、设立建议箱、组织监督检查巡视、党群人员下基层调研、开展提"金点子"合理化建议活动等。

富有特色的是，辽宁方大集团所属企业均设立员工论坛，员工论坛采取匿名制，打破实名制的顾忌和约束，让员工既可以提合理化建议，也可以在论坛上发发牢骚、出出气。同时，企业加强论坛管理，引导员工参与信息交流时遵守国家相关法律法规，文明互动，理性表达；针对员工反映的热点、疑点、意见、建议等，统一收集后反馈至责任单位进行处理，形成权威结论后，由论坛管理员及时发布在论坛上，进行解释、答复、反馈，从而使员工论坛成为畅通各级交流渠道、倾听员工心声、解决实际难题、促进经营发展的平台。

辽宁方大集团董事局主席方威对企业开设论坛的原因解释道，是要让所有员工有一个发泄情绪、吐露心声的地方，让员工心顺、气顺，从而安全上岗。同时，发动职工提建议，起到监督作用，使企业的各项工作更加公平、公正、透明、规范。

"问计于民"，厂务公开实效化

在该公司每年的职代会上，总经理作的行政工作报告都把企业的经营现状、主要成绩、存在的不足、生产经营目标、重点工作等重大事项，实事求是地向职工代表公开，交给职工代表讨论，确保企业出台的重大决策有着深厚的群众基础。同时，该公司领导参加所在代表团的讨论；企业收集各代表团的建议，并对建议进行反馈。

"我们建议在 2021 年重点工作中，新增建立实施 IATF16949 汽车质量管理体系工作的建议，公司已采纳。"该公司职代会第十四代表团团长、技术中心主任李红卫介绍，IATF16949 标准是汽车行业质量管理的基本要求，按照该标准建立、实施和保持质量管理体系，取得认证，才有可能进入汽车供应链。为促进方大特钢战略产品弹簧扁钢质量管理水平提升，满足顾客对产品实物质量及质量管理体系认证要求，方大特钢要实施 IATF16949 管理体系推进工作。

据了解，在该公司今年召开的职代会上，各代表团组织员工代表分组审议行政工作报告、工会工作报告、2021 年经济责任制方案、2020

年社会保险金和住房公积金缴纳情况的报告、2021 年员工教育培训计划、2021 年生产经营综合计划、工资集体合同，讨论大会决议等，共收集 7 条意见建议，均予以反馈。

员工为企业发展贡献智慧，员工也共享企业发展成果。近年来，方大特钢员工收入随企业经济效益增长相应增长，人均年收入由 2009 年的 3.03 万元，上升至 2018 年的 18.7 万元；2020 年新冠疫情影响下，人均年收入较上年度增长 24.66%。今年续签的工资集体合同进一步明确，根据江西省人力资源和社会保障厅发布的企业工资指导线，以及上年度本企业职工平均工资水平和企业生产经营状况，2021 年在全面完成各项生产经营指标任务情况下，在岗职工人均工资比 2020 年（不含红包）增长 5% 以上。

"通过厂务公开，使全公司职工切切实实知厂情、明明白白议厂事，自觉地将个人发展与企业发展紧密联系在一起，职工的工作积极性和主动性得到发挥，同时加大了廉政建设的内部监督约束力度，促进了企业经营效益的增长，实现了企业与员工的共同发展。"方大特钢工会工作人员表示。（罗霞）

第五章 职工代表的主要活动方式和素质提高

一、职工代表的主要活动方式

职工代表活动主要包括参加职工代表大会活动和日常民主管理活动。

(一) 参加职工代表大会活动

职工代表的基本职责就是参加职工代表大会活动。职工代表参加职工代表大会活动的过程分为 3 个阶段，即会前活动、会中活动和会后活动。

1. 会前活动

职工代表会前活动主要是为参加、开好职工代表大会做好充分的准备工作。具体内容和要求包括以下几点。

（1）熟悉材料。要认真阅读研究提前发给职工代表的各项拟审议的方案、文件，了解和掌握大会中心议题、议程。

（2）调查研究。围绕大会中心议题进行调查研究，通过召开座谈会、个别访谈、问卷调查等形式，广泛听取所在单位职工的意见和建议，并进行综合整理。

（3）反映意见。将综合整理好的意见和建议，以口头或者书面形式反映给所在职工代表团（组）。

（4）提出提案。在征求职工群众意见的基础上，认真负责地提出规范的职工代表提案。填写提案应采取一事一填的办法，以便整理和归纳。提案表填好后，由职工代表交所在职工代表团（组）或职工代表大会提案征集、整理机构。

2. 会中活动

会中活动是在职工代表大会召开期间，职工代表要参加好会议的全过程，认真履行自己的职责，充分发挥职工代表的作用。会中活动的具体内容和要求如下。

（1）根据会议通知的要求，做好准备，妥善安排好工作和个人事务，按时参加职工代表大会的预备会议和正式会议。

（2）参加预备会议，听取并审议职工代表大会主席团名单、大会秘书长名单、代表资格审查委员会关于代表资格的审查报告、大会议题、大会议程和其他需要确认的事项。

（3）参加正式会议，认真听取厂长（经理）或有关领导在职工代表大会上所作的工作报告、方案、说明。

（4）做好讨论发言的准备，有条件的最好写出发言提纲。

（5）积极参加各项议案的讨论。在讨论会上敢于、善于表达职工诉求，畅所欲言，充分发表意见。

（6）根据职工代表大会议程，经过充分独立思考，认真负责地行使评议监督权、表决权和选举权。

3. 会后活动

会后活动是职工代表参加职工代表大会全过程的最后阶段。会后活动的重点工作，就是要贯彻落实职工代表大会的各项决议。具体内容和要求如下。

（1）主动向所在单位职工群众汇报、宣传职工代表大会所通过的决议或作出的决定，对职工群众不清楚的问题做好解释工作，以提高职工群众的理解和把握程度。

（2）广泛收集职工群众对职工代表大会通过的各项决议、决定的意见，向所在职工代表团（组）反映，表达职工群众的愿望和要求。

（3）要以身作则，用自己的实际行动影响和带动职工群众贯彻落实职工代表大会的决议和决定。

（二）参加日常民主管理活动

日常民主管理活动，是职工代表大会闭会期间，围绕贯彻落实大会决议、决定而开展的活动。日常民主管理活动，是职工代表大会活动的继续和深入，是职工行使民主管理权利、落实职工代表大会各项决议、决定的重要渠道，也是职工代表在职工代表大会闭会期间进一步发挥作用的基本要求。

职工代表参加的日常民主管理活动主要有以下几种。

1. 根据职工代表大会通过的年度生产经营目标，组织带领职工群众做好工作，积极参加各项劳动和技能竞赛、技术革新、技术协作、技术攻关、节能减排、"五小"竞赛和合理化建议活动。大力弘扬劳模精神、劳动精神、工匠精神。

2. 认真参加工会或职工代表团（组）组织的职工代表巡视活动，要善于发现问题、提出问题，并督促有关部门进行整改。

3. 参加有关专门委员会或者专门小组组织的民主质询、民主对话、民主恳谈会等民主管理活动。

4. 根据规定，对企事业单位集体合同履行情况进行检查监督。

5. 参加职工代表大会及其工作机构组织的对职工代表大会决议、决定贯彻落实情况的监督检查工作。

6. 及时反映安全生产、经营管理中出现的问题，对各种损害国家、企事业单位、职工利益的现象提出批评，或者向有关部门反映，并督促解决。

7. 在车间、班组民主管理中发挥骨干带头作用。

二、职工代表的素质提高

（一）提高职工代表素质的重要性

职工代表素质，是指职工代表行使职工代表权利、履行职工代表义务所必须具备的各种内在特质要素。职工代表的素质如何，不仅直接关系到职工代表能否发挥应有的作用，关系到职工代表大会质量高低，而且关系到企事业单位民主管理水平的提高和民主管理制度的发展，也关系到和谐劳动关系的建设和企事业单位的发展。因此，必须高度重视提高职工代表素质。

1. 提高职工代表素质是职工代表更好地履行职责的需要。只有大力提高职工代表素质，才能使职工代表更好地肩负起代表职工群众行使民主管理权力的责任和义务，更好地履行自己的职责。

2. 提高职工代表素质是职工代表充分发挥作用的需要。职工代表不仅要在职工代表大会上行使好职工代表大会和职工代表的各项职权，而且在职工代表大会闭会后还要积极做好日常民主管理工作。职工代表要切实做好上述工作，充分发挥自身的作用，没有较高的素质是难以胜任的。因此，为了充分发挥职工代表的作用，必须不断提高职工代表的素质。

3. 提高职工代表素质是职工代表树立威信、发挥影响力的需要。职工代表只有不断提高自身素质，并在实际工作中充分发挥自身作用，争做遵纪守法的模范，争做工作学习的模范，争做民主管理的模范，这样才能更好地代表职工群众，更好地履行自己的职责，得到职工群众的信任和拥护，从而树立起威信，更好地发挥影响力。

(二) 职工代表必备的政治素质

政治素质是职工代表的首要素质，是职工代表的综合素质的核心。政治素质一般包括政治意识、政治信念、政治理论、政治价值观、政治信仰、政治能力和方针政策水平。职工代表要不断提高政治素质，要认真学习马克思列宁主义、毛泽东思想、邓小平理论、"三个代表"重要思想、科学发展观、习近平新时代中国特色社会主义思想，用科学理论武装头脑，牢固树立社会主义核心价值观，增强政治意识、大局意识、核心意识、看齐意识，坚定中国特色社会主义道路自信、理论自信、制度自信和文化自信，坚决维护习近平总书记党中央的核心、全党的核心地位，坚决维护党中央权威和集中统一领导，在政治立场、政治方向、政治原则、政治道路上同以习近平同志为核心的党中央保持高度一致。要认真学习党和国家的方针政策和法律法规，增强政策法治观念，提高运用法治思维和法治方式开展工作、解决问题、参政议政的能力。以身作则，廉洁奉公。解放思想、与时俱进，以高度的主人翁使命感和责任感，真正代表广大职工群众行使好民主权利。

（三）职工代表的知识素质

知识就是力量。在世界各国展开的竞争和角逐中，谁拥有掌握科学技术知识的人才，谁就有获胜的优势。人的知识化是创造社会财富的关键因素之一。在知识层面上，现代社会需要的是既能在某个领域里出类拔萃，又能对其他领域的工作有较强适应性的复合型人才。职工代表在平时生活、学习过程中，既要成为某个领域的专家，又要注意拓宽自己的知识面。

知识的积累要考虑未来的需要。现代科学发展日新月异，新技术、新理论层出不穷，就需要掌握那些可应万变的知识。21 世纪人才的科技素质，除了专业科学知识外，还应了解历史、心理、管理、法律、电脑、互联网等领域的知识与认识能力、表达能力、研究能力等。

职工代表要充分发挥自己的作用，就必须不断提高自身的知识素质，通过学习培训，使自己具有一定的文化科技知识、经营管理知识、法律法规知识、民主管理知识、历史知识、心理知识、各种专业知识等，以更好地参与民主管理。

（四）职工代表的能力素质

能力素质是职工代表最主要、最具体的内在条件，它直接关系到职工代表参与民主管理的成效和职工代表大会质量的高低。职工代表的能力素质主要是参与管理的素质。提高参与管理的素质，除了要以提高政治素质、知识素质为基础外，还必须善于学习、掌握和运用参与管理的方法与艺术。具体来说，就是要善于做调查研究，要熟悉本地区、本行业、本单位的实际，了解职工群众的愿望和要求。在参与管理中要做到有理有节，特别在涉及职工切身利益的问题上，要学会用数据和事实说话，增强说服力。同时，职工代表还要尊重党政领导，学会换位思考，营造良好的参与氛围。

（五）提高职工代表素质的主要途径

提高职工代表素质的途径主要有以下几种。

1. 把好入口关，民主选举好职工代表。要重视职工代表的"先天素质"。怎样把那些爱岗敬业、科技文化水平较高、参与能力强、密切联系群众、群众信任的人提名为代表候选人，是一个十分关键的环节。不论直接选举职工代表还是间接选举职工代表，有关方面特别是工会组织都要严格把关。

选举职工代表前，工会和有关部门应当向广大职工充分说明职工代表的作用、地位以及权利和义务。一是设定具体的职工代表条件。为保证职工代表有较高的素质，应当选举那些具有政治意识、改革意识、创新意识、市场经济意识、参政议政能力、较高科学文化水平和业务技术水平的职工为职工代表。二是注意职工代表的结构比例，保证职工代表具有广泛性、代表性和权威性，严格按照《企业工会工作条例》中规定的"一线职工代表一般不少于职工代表总数的50%"。使企业领导班子能听到一线职工的心声，从而关心一线职工。三是建立和健全职工代表大会民主选举、撤换、增补职工代表的制度。四是把竞争机制引入职工代表的选举过程中来，鼓励符合条件的职工积极参加竞选，使职工代表选举由封闭保守型变为透明公开型，变过去"要我当"为"我要当"。

2. 加强职工代表的培训。除了把好入口关，还必须重视为职工代表补充"后天营养"。各级工会组织，都有一个为职工代表补充"后天营养"的问题。加强对职工代表的培训就是提高职工代表自身素质的基本途径。要通过各种形式和途径，对职工代表进行定期或不定期培训。培训的内容可以是综合性的，也可以是专题性的；培训的形式可以是脱产的，也可以是不脱产的。工会干部院校应当经常举办职工代表师资培训班，为开展职工代表培训提供师资保障。职工代表必须努力学习，了解职工民主管理的基本理论、政策、法律、法规，以及当前企事业民主管理制度的新情况、新问题，掌握先进的科学的职工民主管理方法。只有高素质的职工代表，才能为广大职工服好务。

3. 强化职工代表实践活动。读书是学习，使用也是学习，而且是更重要的学习。企事业单位工会应当加强职工代表实践锻炼，除了组织职工代表参加好职工代表大会以外，还应组织好职工代表的日常活动，如组织职工代表开展安全检查活动、巡视督察活动、调查研究活动、参加党政工联席会议活动、合理化建议活动、对行政领导质询活动等。通过这些活动，使职工代表在实践中锤炼本领，在实践中增长才干，提高参政议政能力。

4. 建立职工代表述职测评机制。工会应组织职工代表每年向本单位职工进行一次述职。述职报告的内容主要包括：在职工代表大会上做了哪些发言、提了什么提案、平时开展了哪些民主管理活动、解决了哪些问题。职工群众要根据实际情况对职工代表进行测评，对不满意率过半者予以撤换。由此对职工代表进行督促，以增强其责任感和使命感。

5. 建立职工代表激励机制。对职工代表履职情况进行严格的考核，层层评选优秀职工代表，对职工群众满意的职工代表进行表彰奖励，从而激励职工代表认真履行职责，全面提高素质。

6. 开展联系交流活动。联系交流是提高职工代表素质的一条行之有效的渠道。各级工会组织应结合全民普法教育、召开职工代表大会、代表活动、代表培训班和代表座谈会等活动，联系走访职工代表，了解职工代表的基本情况和工作中遇到的困难和问题，及时为职工代表排忧解难，提供有力的指导和支持。各级工会干部要端正指导思想，积极为职工代表的工作提供优质的服务，做好信息资料和后勤保障工作，热情为职工代表牵线搭桥，及时总结职工代表履行职责的先进经验，努力改进工作，不断提高服务质量，为职工代表更好地发挥作用创造良好的环境。

【思考题】

1. 职工代表会中活动的主要内容和要求有哪些？

2. 职工代表的日常民主管理活动主要有哪些？

3. 提高职工代表素质的重要意义是什么？

4. 职工代表应当具备哪些素质？

5. 如何提高职工代表素质？

【案例1】

攀枝花市仁和区：
"三化"工作法推进职代会和会员评家工作走深走实

2023年2月20日　来源：中国网

2月17日，攀枝花市仁和区总工会在全市率先召开职代会和会员评家现场观摩暨工作推进会。来自全区3个行业工会，13个企业工会的职工代表、会员代表现场观摩了攀枝花市汽车产业链一届二次职代会暨工代会的全过程。市总工会基层工作部部长罗海英莅临现场指导。

按照四川省总工会、攀枝花市总工会的安排部署和县级工会加强年工作要求，近年来，仁和区总工会创新运用"视觉化、具象化、激励化"工作方式，不断推进职代会和会员评家工作向常态化、规范化、制度化走深走实。

一是注重观摩学习，将工作过程视觉化。目前，区总工会已先后组织了3场集体协商、2场职代会和会员评家现场观摩会。通过当面观摩、现场点评，将职代会和会员评家工作的表决流程、监票计票等关键环节、复杂的学习要点，以直观的感受在观摩代表面前一一呈现。

二是注重一线培训，将学习要点具象化。区总工会每年坚持举办1~2期职代会、集体协商、会员评家等专题培训班，至少50~80名培训规模。为确保培训质量，采取请进来走出去的学习方式，一方面邀请省、市级职工代表培训师为学员授课，另一方面选送职工代表、会员代表参加省总工会、市总工会的专项培训。

三是注重考核导向，将推动措施激励化。自2016年建立非公企业工会工作年度考核机制、实行工会主席履职补贴办法以来，职代会、会员评家工作作为十大硬指标被纳入年度考核，并作为拨付基层工会工作经费重要依据。截至目前，累计发放非公企业二会主席履职补贴近30万元。通过有效的考核激励措施，用压力助推工作动力，让职代会和会员评家工作不断走向深入。（王雨燕）

【案例2】

上港集团工会：聚焦三个"突出"，创新发展模式，持续深化企业民主管理制度建设

2021年12月22日　来源：劳动观察

上港集团工会始终将厂务公开民主管理作为深化国资国企改革、完善企业法人治理结构、构建和谐劳动关系、实现职工与企业共同发展的重要内容。2022年，集团工会将继续推进以职工代表大会为基本形式的民主管理制度建设，结合疫情防控常态化具体要求，重点推动三个方面深化改革。

创新形式，深化企业民主管理

化整为零，保障企业管理层与职工面对面。重点解决疫情防控新形势下，人群集中的难点问题。集团工会将通过细分职工群体的方法，有

序组织集团领导分别参与职工"面对面"活动，保障领导层与职工层对话时间，让职工代表充分发表意见，维护好职工代表知情权、参与权和表达权。化繁为简，保障职工代表的表决权履行。进一步明确涉及职工切身利益的事项必须让职工代表充分行使权力。上港集团工会将克服会议形式与疫情防控的矛盾，充分运用职代会线上系统平台，通过无记名投票表决、指定分会场集中投票、线上线下相结合的方式，来切实保障职工代表行使表决权。正面回应，确保职工代表诉求有答复。职代会召开期间，职工代表提出的意见建议，集团工会将负责统一进行归纳整理，并提交相关职能部室。职能部室在预定的时间期限内，必须做出书面答复，由集团工会向各指定分会场进行反馈，各分会场职工代表根据职能部室答复再进行书面无记名表决。

三个"突出"，落实职工各项权益

突出职工满意度，我们将进一步推动建立健全职工代表常态化监督检查机制，充分发挥职代会民主管理专门小组的作用，持续追踪职工食堂的疫情防控措施落实，通过职工代表意见反馈，及时听取职工代表意见建议，确保一线供给到位、质量到位。突出职工安全感，进一步鼓励职工代表建言献策，主动落实各项职代表提案，特别是涉及职工生产安全方面的内容。比如有职工代表反映，发现个别供应商在承接集团承包项目时，因为地域原因，提供由集装箱改建的住宿用房。在防寒保暖监督检查中，我们将其作为重点监督项目，督促基层单位整改落实，确保港区生产安全。突出职工幸福感，2022年，集团工会将进一步深化职工代表定点联系机制，基层工会干部将严格落实跟班作业机制，突出强化基层一线信息收集、职工思想动态排摸工作，准确把握职工所思所想，努力使工会工作符合职工美好生活向往。

聚焦重点，促进企业平稳发展

当前根据集团整体防疫要求，部分岗位工作强度明显提升，集中管理成为常态，职工精神压力和情绪管理难度加大。明年，集团工会将借助职代会民主管理制度优势，进一步强化对高风险岗位职工的关心关怀。

保证隔离不隔心，推动各级工会干部主动深入集中管理群体，与职工共同生活，共同工作，进一步与职工打成一片，做好职工思想引领工作，消除职工负面紧张情绪，及时地把职工关心关注的焦点问题反映上来。保证隔离不隔情，集团工会将继续做好海外和沪外工作人员的关心关怀工作，着重从上海航运建设的总目标出发，确保海外、沪外人员有足够的精力投入本职工作，助力企业参与市场竞争。保证隔离不隔音，在集中管理的职工群体中，也要成立职工民主管理小组，探索重心下移促进部务班务公开，定期组织职工（代表）讨论集中管理中遇到的难点问题，收集职工的意见建议，及时向企业党政组织传递职工想法，确保专班人员工作、生活有序。

面对新时代新形势，企业民主管理也要持续适应新需求新期盼。上港集团工会将认真贯彻落实市委、市政府和市总工会部署要求，创新求突破，和谐促发展，推动企业民主管理工作再上新台阶。（作者：庄晓晴）

第六章　厂务公开

一、厂务公开概述

厂务公开就是把企事业单位的重大决策、生产经营管理的重要问题、涉及职工切身利益的重要事项以及与企事业单位领导班子建设和党风廉政建设密切相关的问题，根据有关法律法规和制度，通过职工代表大会、厂务公开栏等多种形式，向广大职工公开，使职工及时了解厂情，更好地参与企事业单位决策、管理和监督。厂务公开是对所有的企事业单位的公开制度的简称，具体到企事业单位，也可以称企务公开、司务公开、局务公开、院务公开、所务公开、校务公开等等。厂务公开是基层民主政治建设的有机组成部分，是一项重要的民主政治制度。

厂务公开是根据党的十五大提出的"扩大基层民主，保证人民群众直接行使民主权利，依法管理自己的事情"的要求，在深化改革中创造的一种实现职工参与企事业民主决策、民主管理和民主监督的有效制度，也是基层民主政治建设的好形式。厂务公开的主要载体和基本形式是职工代表大会。

厂务公开制度关键是落实职工群众对厂务的知情权。职工行使民主监督和民主管理的权力，首先必须知情。职工也只有在广泛了解和掌握企事业各方面情况的基础上，才能实行有效的民主管理。如果企事业各方面的情况都处于不透明或半透明、黑箱或半黑箱状态，如果普通职工对这些情况一无所知或只有捕风捉影的道听途说，那么，即使每个月、每周召开一次职工代表大会，也是毫无成效的。

多年来，党中央、国务院对厂务公开工作高度重视，多次进行部署。各地区各部门深入贯彻中央精神，认真落实中办、国办《关于在国有企业、集体企业及其控股企业深入实行厂务公开制度的通知》，把厂务公开作为扩大基层民主、加强党的执政能力建设、构建社会主义和谐社会、推动经济社会发展的重要举措，加强组织领导、健全工作机制、拓展工作领域、规范公开内容、丰富公开形式、完善工作制度，推动厂务公开工作深入开展。

二、厂务公开的重要意义

从实践看，企事业单位通过实行厂务公开，切实加强职工民主管理和民主监督，有效地调动了职工群众当家作主的积极性，凝聚了职工群众的智慧和力量，促进了企事业的改革、发展和稳定。综合起来，其积极作用和现实意义主要体现在以下几个方面。

（一）有利于扩大职工民主参与，加强企事业的科学管理

职工知厂情，是职工民主参与和民主管理的前提条件。列宁说，"没有公开性而谈民主制是很可笑的"。实践证明，厂务公开既有利于职工民主参与和民主管理权利的落实，又有利于科学管理获得广泛的群众基础，实现管理的科学化、民主化。

（二）有利于加强职工民主监督，推进企事业单位的党风廉政建设

知厂情既是依靠职工搞好民主参与和民主管理的前提和基础，也是依靠职工加强民主监督的前提和基础。职工群众最关心企事业单位，最有权参与监督。而如果职工群众对企事业单位的重大决策和经营管理等情况不知情，就谈不上发挥职工群众的民主监督作用。

厂务公开把企事业单位的重大决策、经营管理和领导干部的廉政勤政情况置于广大职工群众的监督之下，并通过把职工群众的监督权真正落到实处，形成自上而下和自下而上相结合的监督制约机制，让权力在阳光下运行，推进企事业单位的领导班子建设和党风廉政建设。实行厂

务公开，加强群众监督，既是对企事业单位领导干部的监督和制约，也是对企事业单位领导干部的支持和爱护。

（三）有利于密切企事业单位党群、干群关系，调动干部和职工的积极性

推行厂务公开为企事业单位领导干部找到了一个密切与职工群众联系的新途径。通过厂务公开，加强企事业单位领导干部与职工群众之间的双向沟通，架起相互理解、相互信任、相互支持、相互合作的桥梁，就能够进一步密切党群、干群关系，有效地调动干部和职工的积极性，同时也有利于企事业单位劳动关系的协调与稳定。

（四）有利于坚持和完善职工代表大会制度，加强基层民主建设

推行厂务公开，为我们找到了一个在新形势下既坚持职工代表大会制度，又促进职工代表大会制度发展的有效形式。通过实行厂务公开，可以促使那些没有建立职工代表大会制度或职工代表大会制度不健全的企事业单位，把职工代表大会制度尽快建立健全起来，更好地发挥职工代表大会的作用；对那些职工代表大会制度比较健全、工作开展比较好的企事业单位，实行厂务公开，能够进一步丰富、充实职工代表大会的内容，落实职工代表大会的职权，促进职工代表大会制度的巩固和提高，使职工代表大会制度更好地适应企事业单位改革、改组、改造和加强管理的需要。推行厂务公开，还可以带动企事业单位其他民主制度的建设。

（五）有利于构建和谐劳动关系

推行厂务公开，可以引导职工群众以理性合法的形式表达利益诉求，妥善处理劳动争议，化解劳动关系矛盾，避免矛盾激化和发生职工群体性事件，维护劳动关系和谐稳定，促进社会主义和谐社会建设。

三、厂务公开的特点与功能

（一）厂务公开的特点

1. 政治性。厂务公开是加强职工民主管理、提高企事业单位科学管理水平、推进基层民主政治建设的重要途径。不仅是企事业的经济行为，更是企事业的一种政治行为。是否实行厂务公开不仅是衡量企事业经营管理者"讲政治"与否的重要尺度，也是检验企事业经营管理者能否全面、正确地贯彻党的路线、方针、政策以及企事业经营管理者自身思想政治素质高低的"试金石"。因此说，厂务公开具有显著的政治性。

2. 群众性。厂务公开就是使职工依法享有的民主决策、民主协商、民主参与、民主管理、民主监督等权利得到充分的体现，让职工感到"有家可当、有主可作"，切实保障职工的主人翁地位，进一步调动职工的积极性、主动性，并自觉地为推进企事业的发展献计献策，贡献聪明才智。它绝不是经营管理者的个人行为，而是一种群众性的主体行为。因此说，厂务公开有着广泛的群众性。

3. 原则性。企事业单位作为经营管理组织，工作繁多、庞杂。既包括非秘密性的工作，又包括属于国家秘密、商业秘密和经济秘密的工作事项。这就决定了企事业在实施厂务公开活动时，必须把握原则，掌握政策，对哪些事项能进行公开，哪些事项不能进行公开，需要有明确的划分与界定。

4. 多样化。内容决定形式，不同的内容必须有不同的形式与之适应。厂务公开作为企事业自身的一种行为，它涉及企事业方方面面的工作，内容多、范围广，不能简单化，更不能不顾厂务公开内容的变化，长期以一种形式来进行。必须根据厂务公开事项的不同，选择不同的公开形式，力求形式多样化，才能确保厂务公开不走过场、不流于形式、不做表面文章，收到良好的效果。

5. 真实性。厂务公开的最终目的是解除职工思想上的疑惑，理顺情绪，化解矛盾，消除隔阂，凝聚人心，知厂情、议厂事，调动职工的积极性和创造性，充分发挥广大职工的主人翁作用，推动基层民主政治建设，促进企事业高质量发展。这就要求企事业单位在公开厂务时，不能搞假公开，不能避重就轻、避大就小、避实就虚，必须做到公开事项的内容"实""真"。

(二) 厂务公开的功能

厂务公开作为基层民主政治建设的一种行为，其功能主要体现在以下几个方面。

一是导向作用。厂务公开可以引导、教育职工提高思想认识，明确政治方向，增强听党话、跟党走的思想自觉和行动自觉。使广大职工能够正确分析、判断当前的形势，能够保持清醒的认识和良好的精神状态。进一步坚定走中国特色社会主义道路的信念，牢固树立社会主义核心价值观，增强"四个意识"，坚定"四个自信"，做到"两个维护"，在全面建成社会主义现代化强国中充分发挥工人阶级主力军作用。

二是凝聚作用。厂务公开能够帮助职工克服认识上的障碍，解决思想上的疑虑和困惑，化解心中的"怨气"，消除不满情绪，稳定和凝聚人心，增强职工"当我的家、作我的主"的主人翁责任感，牢牢把握为实现中国梦而奋斗的时代主题，把自身前途命运同国家和民族前途命运紧紧联系在一起，把个人梦同中国梦紧密联系在一起，把个人利益与企事业单位的利益紧密联系起来，自觉地为推进企事业高质量发展贡献聪明才智和力量。进一步改善干群之间的关系，消除隔阂，化解矛盾，增进团结，提高职工群众对经营管理者的信任度，使企事业单位领导、职工群众团结一心，同心同德，心往一处想，劲往一处使，形成一股拧不断、拆不散的巨大合力与向心力。

三是激励作用。厂务公开不仅能够保证职工依法行使自己所享有的民主参与、民主管理、民主监督等权利，让职工积极、踊跃参与企事业的各项公务活动，使广大职工在参与过程中，进一步鼓舞士气，振奋精神，增强荣誉感、自豪感、使命感，也能够进一步激发广大职工关心企事业、勤勉工作、顽强拼搏的热情，激励职工团结一致、奋发向上、开拓进取，以百倍的信心和勇气，以昂扬向上的精神状态，以求真务实的工作态度，为推动企事业高质量发展贡献力量，努力营造一种团结活泼、催人奋进的良好氛围。

四是监督作用。厂务公开的实质是接受职工群众的民主监督。企事业把职工普遍关注、反映强烈的热点难点问题，以及涉及职工切身利益、极易引发矛盾和滋生腐败等需要职工清楚明白的事项公之于众，实质上就是把企事业经营管理者的权力以及行使权力的内容和过程公开化，防止经营管理者滥用职权，杜绝或减少以权谋私和违法乱纪现象的发生，促使企事业的经营管理者进一步增强廉洁自律的意识，正确对待和使用权力，做到掌权为公、用权为民，切实提高企事业党风廉政建设的水平。

三、厂务公开的目的、指导思想、原则和总体要求

（一）厂务公开的目的

实行厂务公开制度，是新形势下企事业单位民主管理新的实现形式和途径，是职工代表大会制度在新形势下的完善和发展。推行厂务公开的目的是：贯彻落实党的全心全意依靠工人阶级的指导方针，保障职工群众当家作主的权利，调动包括经营管理者在内的全体职工的积极性、主动性、创造性，加强企事业单位党风廉政建设，推动企事业单位的改革、发展和稳定。

（二）厂务公开的指导思想

思想是行动的先导，理论是实践的指南。推行厂务公开制度的指导思想是：以马克思列宁主义、毛泽东思想、邓小平理论、"三个代表"重要思想、科学发展观、习近平新时代中国特色社会主义思想为指导，

坚持贯彻落实党的全心全意依靠工人阶级的指导方针，进一步强化企事业单位以职工代表大会为基本形式的职工民主参与、民主管理、民主监督，推进企事业单位民主政治建设，实现企事业单位决策的民主化、科学化，提高企事业单位管理水平和干部队伍素质，促进党风廉政建设，推动企事业单位高质量发展。

（三）厂务公开的原则

1. 扩大基层民主的原则

除了有关法律法规规定的企事业单位机密、技术机密和组织机密外，企事业单位各项重大问题、重大决策都要扩大向职工的公开度，加强职工民主参与的力度，接受职工的民主监督。

2. 以职工代表大会为企事业单位民主管理基本形式与厂务公开多种形式和途径相统一的原则

以坚持和完善职工代表大会为基本形式的企事业单位民主管理制度为基础，以公开企事业单位办事制度、深化民主参与、民主管理、民主监督工作为主要内容，结合企事业单位具体情况，广开多种民主渠道，探索多种民主形式，分层次、有步骤地落实厂务公开的内容。

3. 依法办事的原则

厂务公开要以国家的方针政策、法律法规为依据，既要保护各级领导干部依法行使经营管理的权利，又要依法维护职工民主参与、民主管理、民主监督的合法权益。

4. 实事求是的原则

厂务公开要坚持从企事业单位实际情况出发，注重实效，不断调整、充实和完善公开的内容、渠道和方式。

5. 服务大局原则

厂务公开不能为了公开而公开，必须为企事业的改革、发展和稳定的大局服务。公开的内容、时间、形式和范围，都必须遵守这一原则。这就要求：公开的内容要慎重、公开的形式要适当、公开的时间要及时、公开的范围要适度。

6. 注重实效的原则

要通过厂务公开不断完善企事业单位民主管理制度和监督制约机制，加强企事业单位领导班子建设，提高企事业单位安全生产和经营管理水平，促进企事业单位经济效益的增长和工作效率的提高，切实注重实效，坚决反对形式主义。

（四）厂务公开的总体要求

根据中共中央办公厅、国务院办公厅《关于在国有企业、集体企业及其控股企业深入实行厂务公开制度的通知》规定，实行厂务公开的总体要求如下。

1. 国有企业、集体企业及其控股的企业都要实行厂务公开。目前还没有实行的单位应尽快实行；已经实行的，要进一步深化，逐步使其内容、程序、形式规范化、制度化。特别是生产经营困难的企业更应当实行厂务公开，动员和依靠职工群众与经营者共同把企业搞好。

2. 在厂务公开工作中，要切实做好企事业单位领导人员和职工的思想工作。企事业单位领导人员要提高认识，自觉地把厂务公开摆到重要工作位置，纳入现代企事业管理的体制、机制和制度之中。要鼓励职工积极参与厂务公开活动，支持和监督企事业单位领导依法行使职权，认真行使当家作主的民主权利。要加强对职工代表的培训，不断提高他们参与民主决策、民主管理和民主监督的意识和能力。

3. 在厂务公开工作中，必须坚决防止和克服形式主义，保证公开的真实性，务求工作实效。要切实做到企事业单位重大决策必须通过厂务公开听取职工意见，并提交职工代表大会审议，未经职工代表大会审议的不应实施；涉及职工切身利益的重大事项，更应向职工公开，职工代表大会按照法律法规规定具有通过权和否决权，既未公开又未经职工代表大会通过的有关决定视为无效；在国有和国有控股企业，经职工代表大会民主评议和民主测评，大多数职工不拥护的企业领导人员，其上级管理部门应采取相应的组织措施；企事业单位领导人员违反职工代表大会决议和厂务公开的有关规定，导致矛盾激化，影响企事业单位和社会稳定的，要实行责任追究。

四、厂务公开的内容

厂务公开的内容以关系企事业发展的重大问题和群众普遍关心的热点问题，以及涉及职工切身利益的问题为重点。除国家法律规定不宜公开和涉及商业、技术机密的问题以外，都要逐项实行公开。

厂务公开的具体内容主要包括以下 4 个方面。

（一）企事业单位重大决策问题

主要包括企事业单位中长期发展规划，投资和生产经营重大决策方案，改革、改制方案，兼并、破产方案，重大技术改造方案，职工裁员、分流、安置方案等重大事项。

（二）企事业单位生产经营管理方面的重要问题

主要包括年度生产经营目标及完成情况，财务预决算，企事业单位担保，大额资金使用，工程建设项目的招投标，大宗物资采购供应，产品销售和盈亏情况，承包租赁合同执行情况，企事业单位内部经济责任制落实情况，重要规章制度的制定等。

（三）涉及职工切身利益方面的问题

主要包括劳动法律法规的执行情况，集体合同、劳动合同的签订和履行，职工提薪晋级、工资奖金分配、奖罚与福利，职工养老、医疗、工伤、失业、生育等社会保障基金缴纳情况，职工招聘，专业技术职称的评聘，评优选先的条件、数量和结果，职工购房、售房的政策和住房公积金管理以及企业公积金和公益金的使用方案，安全生产和劳动保护措施，职工培训计划等。

（四）与企事业单位领导班子建设和党风廉政建设密切相关的问题

主要包括民主评议企事业单位领导人员情况，企事业单位中层领导人员、重要岗位人员的选聘和任用情况，干部廉洁自律规定执行情况，企事业单位业务招待费使用情况，企事业单位领导人员工资（年薪）、奖金、兼职、补贴、住房、用车、通信工具使用情况，以及出国出境费用支出情况等。

非公有制企业厂务公开可以有别于国有企业、集体企业及其控股企业，公开内容重点为涉及职工切身利益的有关事项，具体讲有9点内容：一是企业发展、改革的重大决策要公开，涉及商业秘密的可以不公开；二是企业制定的规章制度要公开，这些规章制度最终要靠职工去执行，公开了更有利于制度的执行；三是集体合同、劳动合同的内容，必须事先向职工公开，交职工讨论、认可后才能执行；四是工资协议和奖金分配方案要公开；五是劳动保护和劳动安全卫生情况要公开，这是《劳动法》赋予职工的劳动保护权；六是养老、失业、医疗、工伤、生育保险和福利费开支等保障措施的落实情况要公开；七是职工培训经费的提取使用和职工培训计划及执行的情况要公开，这关系职工素质提高和企业发展；八是招聘、辞退和奖惩的规定和决定要公开；九是评先选优的情况，特别是涉及入党、入团、评模的条件、要求、最终结果须向职工公开，接受职工的监督。

厂务公开的内容应根据企事业单位的实际情况有所侧重。既要公开有关政策依据和本单位的有关规定，又要公开具体内容、标准和承办部门；既要公开办事结果，又要公开办事程序；既要公开职工的意见和建议，又要公开职工意见和建议的处理情况，使厂务公开始终在职工的广泛参与和监督下进行。要密切结合企事业单位改革和发展的实际，及时引导厂务公开不断向企事业单位生产经营管理的深度和广度延伸，推动企事业单位不断健全和完善管理制度、党风廉政建设制度和职工民主管理制度。

关于事业单位，如学校、医院、科研院所的公开内容，大体上应该参照《关于在国有企业、集体企业及其控股企业深入实行厂务公开制度的通知》规定的内容，结合本单位的职能和工作特点确定，一般包括：生产经营目标、改制改革、基建工程、对外投资、固定资产的购置、大宗物资采购、干部任免、劳动保护、奖金分配、社会保险、职工培训、住房出售、职称评定、评先选优、党员发展、车辆使用、通信设备的配备及费用、出差出国（境）的费用支出、行政收费项目的标准等。

五、厂务公开的形式

厂务公开可以根据内容的不同及企事业单位的实际，采取各种各样的形式。从目前的实践来看，厂务公开主要有以下几种实现形式。

（一）职工代表大会

厂务公开的主要载体是职工代表大会。凡是涉及职工代表大会职权范围内的重大问题，都应当在职工代表大会上公开，向职工代表大会报告，并由职工代表大会审议、通过、决定。要按照有关规定，认真落实职工代表大会的各项职权。要通过实行厂务公开，进一步完善职工代表大会民主评议企事业单位领导人员制度，坚持集体合同草案提交职工代表大会讨论通过，企事业单位业务招待费使用情况、领导人员廉洁自律情况、集体合同履行情况等企事业单位重要事项向职工代表大会报告制度，国有及国有控股的公司制企业由职工代表大会选举职工董事、职工监事制度等，不断充实和丰富职工代表大会的内容，提高职工代表大会的质量和实效，落实好职工群众的知情权、审议权、通过权、决定权和评议监督权，建立符合现代企事业制度要求的民主管理制度。

（二）职工代表团（组）长联席会议

在职工代表大会闭会期间，要发挥职工代表团（组）长联席会议的作用。属于厂务公开的一些事项，可以在职工代表团（组）长联席会议上公开。

(三) 厂务公开栏

企事业单位应当在醒目的、中心的、职工活动集中的、便于职工观看的地方设立厂务公开栏，厂务公开栏要宽敞、大方、坚固耐用，保证能够容纳所公开的内容。分公司（分厂、分校、分院）也要设立厂务公开栏。厂务公开栏的特点是直接面向广大职工群众，及时、直观，方便职工群众及时了解相关情况。

在厂务公开栏的设置上，应当兼顾上级要求和企业实际，在确保职工知情权、参与权和监督权的基础上不断创新形式、充实内容，使其真正成为服务企事业，服务职工，沟通干群关系的桥梁。

(四) 其他形式

厂务公开形式还有：厂情发布会、党政工联席会、中层干部会、企事业单位内部信息网络、广播、电视、厂报、墙报等。

总之，厂务公开的形式多种多样，各单位还可根据形势发展，结合单位的实际情况不断创新。同时，在公开后应注意通过意见箱、接待日、职工座谈会、举报电话等形式，了解职工的反映，不断改进工作。

六、厂务公开的基本程序和组织领导

(一) 厂务公开的基本程序

厂务公开的基本程序一般如下。

1. 提出公开事项。厂务公开领导小组或厂务公开办公室责成有关部门公开有关事项。承办部门及时提出公开方案。

2. 实行责任审查。厂务公开领导小组或办公室对有关部门的具体公开方案进行审查，做到资料齐全、内容正确无误。

3. 及时进行公开。经过审查后，厂务公开办公室通过规定的形式及时公开。

4. 广泛听取意见。通过各种途径广泛听取职工群众的意见。

5. 认真进行整改。有关领导和有关部门根据职工群众的合理建议和意见，提出整改方案，认真进行整改。

6. 及时反馈情况。对职工意见的处理结果以及整改情况，及时向职工群众进行反馈。

7. 适时监督检查。厂务公开监督小组对厂务公开的全过程要适时进行监督检查，发现问题及时进行纠正和处理。

（二）厂务公开的组织领导

各级党委、政府及有关部门和工会组织，要充分认识实行厂务公开的重要意义，切实把这项工作摆上重要议事日程，明确目标，落实责任，有组织、有计划、有步骤地推动厂务公开工作深入健康发展。各级纪检监察机关要加强对推行厂务公开工作的监督检查，对在厂务公开中暴露出来的违法违纪问题要严肃查处。各级党委组织部门要把推行厂务公开作为企事业单位党建工作的重要内容，将实施情况作为考核企事业单位领导班子和领导人员的重要依据，并与奖惩任免挂钩。各级企事业单位主管部门要把推行厂务公开与加强企事业单位管理和建立现代企业制度有机结合起来，切实加以推进。各级地方工会要积极主动地承担起推行厂务公开的日常工作，并以此促进企事业单位民主管理和工会工作。

企事业单位实行厂务公开要在企事业单位党委领导下进行。企事业单位行政是实行厂务公开的主体，负责贯彻执行各项厂务公开制度。企事业单位要建立由党委、行政、纪委、工会负责人组成的厂务公开领导小组，负责制定厂务公开的实施意见，审定重大公开事项，指导协调有关部门研究解决实施中的问题，做好督导考核工作，建立责任制和责任追究制度。企事业单位工会是厂务公开领导小组的工作机构，负责日常工作。

企事业单位应成立由纪检、工会有关人员和职工代表组成的监督小组，负责监督检查厂务公开内容是否真实、全面，公开是否及时，程序是否符合规定，职工反映的意见是否得到落实，并组织职工对厂务公开工作进行评议和监督。要制订厂务公开的监督检查办法，形成制约和激励机制。

工会是厂务公开民主管理的主要协调人，要切实做好厂务公开民主管理的日常工作，会同有关部门及时收集和反馈职工群众对厂务公开民主管理的意见和建议，组织干部职工参与厂务公开民主管理，及时培训职工和职工代表，促进厂务公开民主管理工作的质量提高。

职工是厂务公开民主管理的第一评价人，要以职工群众满意不满意来评价厂务公开民主管理工作的好坏。

【思考题】

1. 什么是厂务公开？
2. 厂务公开的重要意义是什么？
3. 简述厂务公开的主要内容。
4. 厂务公开的形式主要有哪些？
5. 厂务公开的基本程序有哪些？
6. 如何加强厂务公开的组织领导？

【案例 1】

合肥公交集团有限公司
深化厂务公开，助力企业高质量发展

2022 年 11 月 4 日　来源：《安徽工人日报》

近年来，合肥公交集团有限公司深入学习贯彻习近平总书记关于工人阶级和工会工作的重要论述，坚持全心全意依靠工人阶级方针，加强党的领导，注重建章立制，发挥职代会作用，维护职工合法权益，不断深化以职工代表大会为基本形式的企业民主管理制度，切实保障职工的知情权、参与权、表达权和监督权，有力促进集团公司高质量发展。集

团公司先后被评为全国文明单位、中国节能减排先进单位、全国厂务公开示范单位、企业文化建设示范单位、安徽省文明单位，并获得合肥市五一劳动奖状。

建章立制　推动企业民主管理走深走实

建立三位一体管理体系。集团公司坚持党的领导，成立民主管理领导小组，严格贯彻落实党委书记是第一责任人、纪委书记是第一监督人、工会主席是第一协调人的职责分工，定期在公司内开展调查研究，广泛听取职工意见和建议。集团公司相继出台《合肥公交集团厂务公开实施办法》《合肥公交集团厂务公开实施细则》等文件，细化厂务公开内容，规范工作流程，明确责任要求，确保厂务公开民主管理走深走实。

建立考核激励机制。集团公司坚持党建带工建、工建促党建，将厂务公开民主管理作为推进"星级党支部"考核的重要依据，切实增强单位负责人抓好民主管理工作的责任感和使命感，形成了党支部书记和工会主席共同监管推进的良好局面，为深入开展厂务公开民主管理提供坚强保障。

畅通民主管理渠道。对于涉及职工切身利益，如职工增资、干部选拔、先进推荐、困难职工慰问等工作，集团公司广泛听取基层党组织意见和职工代表建议，让企业管理在阳光下进行。近年来，集团公司畅通厂务公开渠道，通过发动1306名党员、8000多名职工共同参与企业经营管理，极大地增强了职工主人翁意识，激发职工参与企业发展的积极性，构建了和谐的劳动关系。

规范制度　促进企业民主管理更透明

落实职代会制度。职工代表大会是企业实行民主管理的基本形式，是职工群众当家作主，参加企业经营决策、管理、监督干部、行使民主权利的权力机构。集团公司每年初召开职工代表大会，一方面审议通过《集团公司年度工作报告》《工会工作报告》《集团"三重一大"工作报告》《年度财务预决算报告》《年度业务招待费使用情况的报告》；另一方面审议通过企业改革改组、结构调整、工资分配方案、奖惩制度等重大决策事项，保证公司重大决策事项和规章制度得到顺利实施。职代会闭会期间，若有需要临时解决涉及企业发展、职工切身利益的重要问题时，召开联席会议协商处理。

做实厂务公开。紧扣企业的决策、职工关注的热点，贯穿公交发展的中心工作，集团公司将集体合同签订、干部选拔任用、福利费使用、职称评聘、工资奖金分配等职工群众关注的热点焦点事项列为必须公开的内容。每逢工资调整、调级晋升、降本增效等涉及职工切身利益的事项，必须经职代会、团组长联席会、党政联席会等集体研究，民主决策，张榜公布，确保决策过程公开透明。

开展民主管理活动。集团公司深化"公开解难题、民主促发展"主题活动，在每年职代会召开前，开展征集职工代表提案工作，对提案分类梳理，将合理化的建议和意见，提交党委审议后办理，并在规定期限内对办理情况进行反馈；对暂时不能办理的说明理由，并将提案办理情况提交职代会通过。同时，由全国劳模、优秀共产党员代表、优秀职工代表组成的"职工评议团"，参与集团"三重一大"项目评定，广泛征求职工代表和一线职工的建议，做到依法决策、规范决策、民主决策、科学决策。自新冠肺炎疫情发生以来，集团公司充分利用公交网、微信公众号、抖音号、基层支部和线路工作群等平台，宣传防疫知识，回应职工关切，以厂务公开助力疫情防控。

维护权益　使企业民主管理更有温度

发挥职工民主监督作用。集团公司在物资采购和项目工程招标过程中，将职工代表监督纳入招投标固定流程，建立阳光采购平台，扩大职工监督面，调动职工参与企业管理的积极性。成立以工会主席为组长的集体合同签订领导小组，工会代表职工定期与公司签订集体劳动合同，确保合同签订率履约率达100%，做到了企业利益、职工利益兼顾，双向维护不偏移。每年开展民主评议企业领导干部和管理干部工作，完善评议程序，将评议结果直接与管理干部任用、绩效考核等挂钩。严格执行干部新提拔试用期制度和干部任前公示制度，加强干部任用民主监督。三年来，集团公司通过公开竞聘、职工推选、组织考察等形式，提拔任用了100多名年富力强的优秀青年干部，为企业健康发展建立了人才储备。

及时化解矛盾。集团公司编印《企业文化手册》，把民主、诚信、守法、清廉等理念，纳入企业文化建设范畴，推动厂务公开民主管理理念深入人心。依法成立劳动争议调解委员会，两级工会均设立调解组织，努力把劳动争议解决在基层。将每月25日设立为"民主接待日"，集团领导班子接待职工来访，面对面听取职工意见和建议，确保诉求件件有着落、事事有回音。

做实帮扶服务。集团公司每年开展"春夏秋冬"工程，即"春送文化、夏送清凉、秋送奖学、冬送温暖"，大力弘扬扶危济困精神，动员广大职工参与献爱心、送温暖活动。集团公司领导结对帮扶特困职工，管理人员经常性"登职工门、知职工情、暖职工心"，做到"职工困难有人问、职工生病有人看"。两级工会每年看望慰问困难和生病职工多达400人次。集团公司工会连续15年开展"金秋奖学"活动，共资助1582名职工子女，发放助学金338.5万元。此外，集团公司工会每年为职工发放生日蛋糕券，并送上企业的祝福，温暖职工心田。（编辑：胡佳佳）

【案例2】

阜阳市颍上县总工会
厂务公开聚人心，民主管理促发展

2022年11月4日　来源：《安徽工人日报》

近年来，阜阳市颍上县总工会坚持以习近平新时代中国特色社会主义思想为指导，认真贯彻落实《安徽省企业民主管理条例》，大力推进企业民主管理的规范化、制度化、法治化建设，切实保障职工群众的知情权、参与权、表达权、监督权，为促进企业健康发展、保障职工合法权益提供有力的保障。截至目前，颍上县拥有国有及控股企业31家，职代会建制30家，建制率96%；厂务公开建制31家，建制率100%；百人以上企业31家，职代会建制29家，建制率93%；厂务公开建制31家，建制率100%。

健全制度　夯实民主管理工作基础

颍上县总工会从提高职代会、厂务公开的建制率和扩大企业民主管理工作覆盖面入手，大力推动各类企事业单位建立健全民主管理制度。县总工会先后制发了《县厂务公开工作领导小组及其办公室工作规则》《2022年全县企业民主管理工作要点及任务分工》《民主管理工作实用手册》《企事业职工代表大会实施细则》等文件资料，指导各类企事业单位建立"党委统一领导、党政共同负责、有关方面齐抓共管、职工群众广泛参与"的领导体制和工作格局。同时，县总工会积极履行县推行厂务公开工作领导小组办公室工作职责，根据工作需要，成立了由县委副书记任组长，组织、人社等相关部门分管负责同志为成员的厂务公开领导小组，明确各成员单位的工作职责，将民主管理工作纳入县级党建与发展考核指标，推动贯彻落实《安徽省企业民主管理条例》，推进企业民主管理重点工作走深走实。

丰富形式　提升职工代表履职本领

颍上县总工会坚持围绕中心、服务大局，深入开展"公开解难题、民主促发展"主题活动，组织全县职工积极参与"民主管理典型案例征集""民主管理微视频征集""优秀职工代表提案"等活动，引领职工围绕完善企业经营管理制度、提高企业自主创新能力和市场竞争力等建言献策，推动企业持续、健康发展。

县总工会举办多场次民主管理培训班，开展"五一学堂"线上职工代表培训等，培训工会干部、职工代表近800人，提高他们企业民主管理参与能力。县总工会还赋能民主管理工作创新发展，积极举办

《安徽省企业民主管理条例》《安徽省职工代表大会操作规程》网上闯关答题等活动，极大地提高了职工代表综合素质以及民主参与、民主监督、民主管理的能力。

突出重点　强化分类指导

颍上县总工会以国有企业和百人以上非公企业民主管理工作为重点，召开民主管理厂务公开工作业务培训会，从建章立制到规范职代会操作流程，针对企业类型以条目式、清单化给予全程指导。

县总工会多频次开展走访调研，深入颍上县工业园区，召开园区民主管理工作推进会，解读职代会操作规程；并走进企业车间调研指导园区非公企业民主管理工作，了解企业在重大决策、生产经营等方面的重要问题以及涉及职工切身利益方面的事项公开情况。

县总工会还充分发挥协调劳动关系三方机制作用，指派 3 名协调员常态化到企业开展和谐劳动关系创建活动，积极引导职工理性表达利益诉求。今年以来，共协调包括新就业形态企业在内的共 48 家企业签订集体合同，覆盖职工 5763 人，促进解决工资待遇等有关职工最关心、最直接、最现实的利益问题，进一步增强广大职工的获得感和满意度。

以点带面　发挥示范引领作用

颍上县总工会坚持高标准、多层面选树，全方位、多角度示范，切实发挥典型示范带动作用，积极打造厂务公开民主管理制度建设品牌。颍上县人民医院工会构建"二体多枝树型网络管理体系"，依托颍上县人民医院 OA 办公平台和微信平台建立工会工作群，构建线上平台发布信息，发挥 99 位组长组织基层职工作用，采纳、收集、分析、处理网络舆情；线下呼应职工需求，组织工会活动，提升职工满意度。该工会创新的管理体系获得阜阳市工会工作创新案例一等奖。

根据不同类型的企业特点，颍上县总工会重点选树刘庄煤矿、首创水务、兴安电气、盛泰制衣等一批基础扎实、特色鲜明、群众公认、成效明显的国有、事业、非公企业职代会示范典型，打造"职代会示范工程"，形成了"3+X"民主管理模式，即职工代表大会、厂务公开、职工董事和职工监事制度，与民主恳谈会、职工议事会、职工信箱、厂情热线、企业领导接待日等企业民主管理形式相结合。同时，县总工会采取模板推广、观摩交流、学习培训等多种方式，组织工会干部、职工代表前往示范单位交流学习，增添了企业民主管理工作的生机活力。（编辑：胡佳佳）

第七章　职工董事、职工监事制度

一、现代企业制度概述

现代企业制度是指以市场经济为基础，以完善的企业法人制度为主体，以有限责任制度为核心，以公司企业为主要形式，以产权清晰、权责明确、政企分开、管理科学为条件的新型企业制度，其主要内容包括：企业法人制度、企业自负盈亏制度、出资者有限责任制度、科学的领导体制与组织管理制度。

市场经济较为发达的西方国家，已建立起一整套较为完善的现代企业制度。在我国社会主义市场经济条件下所要建立现代企业制度，主要包括如现代企业产权制度、现代企业组织制度、现代企业管理制度3个方面的内容。

(一) 现代企业产权制度

产权归属的明晰化、产权结构的多元化、责任权利的有限性和治理结构的法人性是现代企业产权制度的基本特征。国有企业建立现代企业制度，首先要求对其进行公司化改造，明晰企业的产权划分和归属主体，在此基础上引导出多元化的投资来源。同时，根据投资的多少，确立对称的责任和权利，打破国家对企业债务负无限责任的传统体制。在所有权与经营权分开的前提下，企业依照自己的法人财产开展各项经济活动，独立地对外承担民事权利和民事义务。在现代企业产权制度的规范下，企业不再是国家行政机关的附属物，国家也不再是企业的唯一投资主体。在企业的所有资产中，所有权属分散的股东，企业通过自己独立的法人地位运营全部资产。企业与国家之间、企业与分散的股东之间，各自的责任与权利是明确的。国有企业经过公司化改造后，在其内部建立股东大会、董事会、监事会和经理部门相互制衡的公司治理结构，确保企业产权关系的有效实施。建立现代企业产权制度是我国国有企业建立现代企业制度的基础和前提。

（二）现代企业组织制度

现代企业制度有一套完整的组织制度，其基本特征是：所有者、经营者和生产者之间，通过公司的决策机构、执行机构、监督机构，形成各自独立、责权分明、相互制约的关系，并以国家相关的法律法规和公司章程加以确立和实现。

现代企业组织制度有两个相互联系的原则，即企业所有权和经营权相分离的原则，以及由此派生出来的公司决策权、执行权和监督权三权分立的原则。在此原则基础上形成股东大会、董事会、监事会和经理层并存的组织机构框架。公司的组织机构通常包括股东大会、董事会、监事会和经理人员4大部分。按其职能，分别形成权力机构、执行机构、监督机构和管理机构。股东大会是指由全体股东组成的、决定公司经营管理的重大事项的机构。它是公司最高权力机构，其他机构都由它产生并对它负责。股东实际上就是公司的所有者，股东大会所形成的决议是最终决议，具有法律效力。董事会作为公司的常设机构，是股东大会的执行机构，也是公司的经营决策机构，其主要职责是执行股东大会的决议，制定公司的大政方针、战略决策、投资方向、收益分配。监事会作为公司的又一常设机构，其主要职能是对董事会和经理人员行使职权的活动进行监督，审核公司的财务和资产状况，提请召开临时股东会等。经理人员是企业的管理阶层，包括公司的总经理、副总经理和部门经理等，负责公司日常的经营管理活动，依照公司的章程和董事会的决议行使职权。经理层对董事会负责，实行聘任制，不实行上级任命制。由股东大会、董事会、监事会及经理层相互制衡的现代企业组织制度，既赋予经营者充分的自主权，又切实保障所有者的权益，同时又能调动生产者的积极性，它是我国的国有企业建立现代企业制度的核心依托。

（三）现代企业管理制度

现代企业管理制度包括以下几个方面的内容：有一套股东大会、董事会、监事会与经理层相互制衡的公司治理结构；具有正确的经营思想和能适应企业内外环境变化、推动企业发展的经营战略；建立适应现代化生产要求的领导制度；拥有熟练地掌握现代管理知识与技能的管理人才和具有良好素质的职工队伍；在生产经营各个主要环节普遍地、有效地使用现代化管理方法和手段；建设以企业精神、企业形象、企业规范等内容为中心的企业文化，培育良好的企业精神和企业集体意识。按照市场经济发展的需要，积极应用现代科学技术成果，在企业内部设置科学合理的治理机制，建立起现代企业管理制度是建立现代企业制度的根本保障。

现代企业产权制度、现代企业组织制度、现代企业管理制度三者之间是相辅相成的，它们共同构成了现代企业制度的总体框架。

二、职工董事、职工监事制度概述

职工董事制度、职工监事制度，是指依照《公司法》《公司登记管理条例》设立的有限责任公司和股份有限公司通过职工代表大会或职工大会民主选举一定数量的职工代表，分别进入董事会、监事会，代表职工源头参与公司决策和监督的基层民主管理形式。董事会、监事会中的职工代表称为职工董事、职工监事。凡依法设立董事会、监事会的公司都应建立职工董事、职工监事制度。

建立职工董事、职工监事制度也是许多市场经济国家现代企业管理的成功经验。现代企业建立职工董事、监事制度，使职工能以主人的身份参与决策、管理和监督，是完善法人治理结构不可或缺的重要组成部分。职工董事、监事是由职工代表大会选举产生的，以职工代表大会为依托，架起了与董事会、监事会、股东会之间的桥梁。职工代表进董事会、监事会实质是民主管理进董事会、监事会，是现代企业制度下职工民主管理的深入发展和主要形式。

2018年10月新修订的《公司法》第44条第2款规定，"两个以上的国有企业或者两个以上的其他国有投资主体投资设立的有限责任公司，其董事会成员中应当有公司职工代表；其他有限责任公司董事会成员中可以有公司职工代表。董事会中的职工代表由公司职工通过职工代表大会、职工大会或者其他形式民主选举产生"。第108条第1、2款规定："股份有限公司设董事会，其成员为5人至19人。""董事会成员中可以有公司职工代表。董事会中的职工代表由公司职工通过职工代表大会、职工大会或者其他形式民主选举产生"。第51条第2款规定：有限责任公司"监事会应当包括股东代表和适当比例的公司职工代表，其中职工代表的比例不得低于1/3，具体比例由公司章程规定。监事会中的职工代表由公司职工通过职工代表大会、职工大会或者其他形式民主选举产生。"第117条第2款规定：股份有限公司"监事会应当包括股东代表和适当比例的公司职工代表，其中职工代表的比例不得低于1/3，具体比例由公司章程规定。监事会中的职工代表由公司职工通过职工代表大会、职工大会或者其他形式民主选举产生"。

近年来，随着公司制企业特别是非公有制公司制企业快速发展，职工董事制度、职工监事制度建设取得了长足发展。但是，随着形势的变化和实践的发展，职工董事制度、职工监事制度建设过程中出现了一些新的情况和问题，如还有许多非公有制公司没有建立职工董事制度、职工监事制度，一些企业虽建立了职工董事制度、职工监事制度，却在选举、履职、罢免等具体环节上仍存在许多运行不规范的问题等。现有的相关文件已不适应大量公司制企业实践发展的需求，影响了此项制度在完善现代企业制度、促进企业健康发展、维护职工合法权益等方面发挥应有的作用。为深入贯彻落实全国国有企业党的建设工作会议精神特别是习近平总书记提出的要坚持和完善职工董事制度、职工监事制度，鼓励职工代表有序参与公司治理的重要论述，按照《中共中央、国务院关于构建和谐劳动关系的意见》中关于"推行职工董事、职工监事制度""依法规范职工董事、职工监事履职规则"的要求，2016 年 12 月 5 日中华全国总工会发布了《关于加强公司制企业职工董事制度、职工监事制度建设的意见》，对完善法人治理结构，加强企业民主管理，推行职工董事、职工监事制度，提出了明确要求。

三、职工董事、职工监事制度的重要意义

第一，建立职工董事、监事制度是建立现代企业制度、将民主管理融入公司治理结构，推进公司民主决策、科学决策的重要内容。国有企业的改革方向是建立产权清晰、权责明确、政企分开、管理科学的现代企业制度，而现代企业制度的核心是建立符合我国国情的公司治理结构。按照《公司法》规定，在公司董事会、监事会成员中配备职工董事、职工监事，既有利于董事会正确决策和监事会的有效监督，也能够调动广大职工的积极性，有利于提高决策水平。所以，职工董事、监事制度的建立，既是健全完善董事会、监事会建设本身的需要，又是企业形成权责明确、各负其责、相互制衡的内部自我调节机制的重要具体体现。

第二，建立职工董事、监事制度是贯彻落实党的全心全意依靠工人阶级根本方针，推进社会主义基层民主制度建设，支持职工参与管理和监督的重要措施。实现中华民族伟大复兴的中国梦，根本上要靠包括工人阶级在内的全体人民的劳动、创造、奉献。必须全心全意依靠工人阶级、巩固工人阶级的领导阶级地位，充分发挥工人阶级的主力军作用，做到在政治上保证、制度上落实、素质上提高、权益上维护。实行职工民主管理、民主监督，是落实党的全心全意依靠职工办企业方针的重要举措。职工董事、监事制度，作为现代企业制度下职工民主管理的一种

法定形式，是职工代表大会制度的发展和延伸。职工董事、监事来源于广大职工之中，对企业生产经营的各个环节十分熟悉，以职工代表的身份参加董事会、监事会，有利于企业的科学决策、民主决策、民主管理和民主监督。

第三，建立职工董事、监事制度是源头维护职工合法权益，实现劳动关系双方合作共赢，构建社会主义和谐劳动关系的重要抓手。企业工会组织要实现主动依法科学维护职工合法权益，关键在于畅通维权诉求渠道，形成把握实情、反应灵敏、行动迅速、敢于负责的维权效应。建立职工董事、监事制度，工会主席或副主席依法作为首选候选人通过职工代表大会选举进入董事会、监事会，可以使职工群众中的正确意见和合理主张，通过更直接的方式，纳入企业重大改革方案、重大经营决策和重要规章制度中去，实现对职工合法权益的源头维护，从而使工会更好地履行维护职能。

第四，建立职工董事、监事制度是加强企业党风廉政建设，促进公司负责人廉洁从业，推动公司健康发展的重要途径。

第五，职工代表进入董事会、监事会行使法律赋予的权利，是社会进步和社会生产力发展的必然要求。在生产力诸要素中，劳动力是最积极、最活跃的，而且是处于决定性地位的要素。尽管科技进步在生产力发展中起着十分重要的作用，但科技成果毕竟还是要通过职工的创造性劳动才能转化为现实生产力。职工是企业的主体和依靠对象，是物质文明和精神文明的创造者。职工代表进入董事会、监事会，参与民主管理和民主监督，是现代公司制企业管理的内在要求和社会生产力发展的必然产物。

四、职工董事、职工监事产生的依据及条件

（一）职工董事、职工监事产生的依据

职工董事、职工监事产生的依据主要是《公司法》。《公司法》规

定："两个以上的国有企业或者两个以上的其他国有投资主体投资设立的有限责任公司，其董事会成员中应当有公司职工代表；其他有限责任公司董事会成员中可以有公司职工代表。董事会中的职工代表由公司职工通过职工代表大会、职工大会或者其他形式民主选举产生。"股份有限公司"董事会成员中可以有公司职工代表"，"监事会应当包括股东代表和适当比例的公司职工代表，其中职工代表的比例不得低于 1/3，具体比例由公司章程规定。监事会中的职工代表由公司职工通过职工代表大会、职工大会或者其他形式民主选举产生。"

党的十五届四中全会通过的《中共中央关于国有企业改革和发展若干重大问题的决定》明确规定国有独资和国有控股公司的"董事会和监事会都要有职工代表参加"。

（二）职工董事、监事的条件

根据《公司法》和全国总工会发布的《关于加强公司制企业职工董事制度、职工监事制度建设的意见》，职工董事、职工监事除了具备《公司法》《公司章程》规定的担任董事、监事的基本条件外，还应具备以下条件。

1. 与公司存在劳动关系，即必须是本公司的职工。要坚持职工董事、职工监事必须从本企业工会干部、一般管理干部和技术人员、一线工人中的职工代表中产生。

2. 能够代表和反映职工合理诉求，维护职工和公司合法权益，为职工群众信赖和拥护。

3. 熟悉公司经营管理或具有相关的工作经验，熟知劳动法律法规，有较强的协调沟通能力。

4. 遵纪守法，品行端正，秉公办事，廉洁自律。

5. 符合法律法规和公司章程规定的其他条件。

遵循职工董事、职工监事任职回避原则，坚持公司高级管理人员和监事不得兼任职工董事，公司高级管理人员和董事不得兼任职工监事。

公司高管的近亲属，不宜担（兼）任职工董事、职工监事。

有下列情形之一的，不能担任职工董事、职工监事。

1. 无民事行为能力或者限制民事行为能力。

2. 因贪污、贿赂、侵占财产、挪用财产或者破坏社会主义市场经济秩序，被判处刑罚，执行期满未逾 5 年，或者因犯罪被剥夺政治权利，执行期满未逾 5 年。

3. 担任破产清算的公司、企业的董事或者厂长、经理，对该公司、企业的破产负有个人责任的，自该公司、企业破产清算完结之日起未逾3 年。

4. 担任因违法被吊销营业执照、责令关闭的公司、企业的法定代表人，并负有个人责任的，自该公司、企业被吊销营业执照之日起未逾3 年。

5. 个人所负数额较大的债务到期未清偿。

6. 未担（兼）任工会主席的公司高级管理人员。

五、职工董事、职工监事的产生

（一）职工董事、职工监事的比例

职工董事、职工监事的人数和具体比例应依法在公司章程中作出明确规定。国有及国有控股公司，其董事会成员中应当有公司职工代表；引导和支持国有及国有控股公司以外的其他公司董事会成员中配备适当比例的职工董事，力促董事会成员中至少有 1 名职工董事。所有公司监事会中职工监事的比例不低于1/3。督促公司在设立（或改制）的初始阶段，依照相关法律规定在董事会、监事会中预留职工董事、职工监事的席位，并在公司章程中予以明确规定。

职工持股会选派到董事会、监事会的董事、监事，一般不占职工董事、职工监事的名额。

(二) 职工董事、职工监事产生的程序

1. 职工董事、职工监事候选人提名。

职工董事、职工监事的候选人，可以由公司工会根据自荐、推荐情况，在充分听取职工意见的基础上提名，也可以由 1/3 以上的职工代表或者 1/10 以上的职工联名推举，还可以由职代会联席会议提名。

公司工会主席、副主席一般应作为职工董事、职工监事候选人人选。因为，从身份上来说，工会是中国共产党领导下的职工自愿结合的工人阶级群众组织，是《劳动法》《工会法》明确规定的职工利益的代表者和维护者。工会主席、副主席是经全体会员民主选举，代表和维护职工利益的，从这个意义上讲，工会主席、副主席作为职工董事、监事的首选候选人是顺理成章的。从工作上讲，工会是职工代表大会的工作机构，有工会职能部门、工会分会、工会小组等健全的网络，工会主席、副主席担任职工董事、职工监事可以依靠工会组织网络和职工代表大会开展工作，既可以全面准确地反映职工的意见和要求，还可以通过工会组织和职工代表大会，把董事会的决策迅速传达到每一个工会小组、每一位会员和职工。

2. 职工董事、职工监事的选举。

职工董事、职工监事应由公司职代会以无记名投票方式差额选举，并经职代会全体代表的过半数同意方可当选。尚未建立职代会的，应在企业党组织的领导和上级工会的指导下，先行建立职代会。

3. 职工董事、职工监事公示及备案。

职工董事、职工监事由职代会选举产生后，应进行任前公示，与其他董事、监事一样履行相关手续，并报上级工会和有关部门（机构）备案。公司工会应做好向上级工会报备的相关工作。

六、职工董事、职工监事的职权和义务

职工董事、职工监事依法享有与公司其他董事、监事同等权利，在

董事会、监事会研究决定公司重大问题时，职工董事、职工监事应充分发表意见，履行代表职工利益、反映职工合理诉求、维护职工和公司合法权益的职责与义务，并承担相应责任。

（一）职工董事的职权

1. 参加董事会会议，行使董事的发言权和表决权。

2. 在董事会研究决定公司重大问题时充分发表意见，确定公司高级管理人员的聘任、解聘时，如实反映职代会民主评议高级管理人员情况。

3. 对涉及职工合法权益或大多数职工切身利益的董事会议案、方案提出意见和建议。

4. 就涉及职工切身利益的规章制度或者重大事项，提出董事会议题，依法提请召开董事会会议，反映职工合理要求，维护职工合法权益。

5. 列席与其职责相关的公司行政办公会议和有关生产经营工作的重要会议。

6. 要求公司工会、公司有关部门通报相关情况，提供相关资料。

7. 向公司工会、上级工会或有关部门如实反映情况。

8. 法律法规、规章制度和公司章程规定的其他权利。

（二）职工监事的职权

1. 参加监事会会议，行使监事的发言权和表决权。

2. 参与监督检查公司对涉及职工切身利益的法律法规、规章制度和公司章程的贯彻执行情况。

3. 监督检查公司职工工资、劳动保护、社会保险、福利及劳动合同、集体合同等制度规定的落实情况。

4. 听取和监督公司的经营管理情况。

5. 参与对公司的财务检查和对公司董事会、经理层人员履行职责的监督。

6. 就涉及职工切身利益的规章制度或者重大事项，提出监事会议题，提议召开监事会会议。

7. 列席董事会会议，可对董事会决议事项提出质询或者建议。

8. 列席与其职责相关的公司行政办公会议和有关生产经营工作的重要会议。

9. 要求公司工会、公司有关部门通报相关情况，提供相关资料。

10. 向公司工会、上级工会或有关部门如实反映情况。

11. 法律法规、规章制度和公司章程规定的其他权利。

尚未设立职工董事的公司，遇有董事会制定公司合并、分立、解散和变更公司重大方案，或者制订公司利润分配方案等涉及职工切身利益的重要事项时，职工监事应当按照对职工董事的要求主动担负起相应职责。

(三) 职工董事、职工监事的义务

根据规定，职工董事、职工监事应当履行以下义务。

1. 认真学习党的理论和路线方针政策，学习国家法律法规，积极参加相关培训，提高自身思想政治素质和相关业务素质。

2. 遵守法律法规和公司章程及各项规章制度，执行股东会、董事会、监事会的决议，保守公司秘密，认真履行职责。

3. 及时了解企业管理和发展状况，经常深入职工群众广泛听取意见和建议，在董事会、监事会上真实准确、全面充分地反映职工的合理诉求。

4. 执行职代会的决议，在董事会、监事会会议上，按照职代会的相关决议或在充分考虑职代会决议和意见的基础上发表意见，行使表决权。

5. 建立履职档案，对履行职责情况进行书面记录并妥善保存。

6. 每年至少 1 次向公司职代会报告工作，接受监督、质询、民主评议。

7. 法律法规和公司章程规定的其他义务。

职工董事、职工监事向公司职代会作述职报告的主要内容包括：（1）全年出席董事会、监事会会议情况，包括未出席会议的原因、次数；（2）在董事会、监事会会议上发表意见和参与表决的情况，包括投出弃权或者反对票的情况及原因；（3）对公司劳动关系重大问题和职工切身利益重要事项进行调查，反映职代会意见和职工利益诉求，与董事会、监事会其他成员及公司管理层进行交流磋商等情况；（4）参加教育培训情况；（5）根据相关法律法规、规范性文件和公司章程，履行职工董事、职工监事权利义务其他需要报告的情况。

（四）职工董事、职工监事应担负的责任

职工董事、职工监事应担负的责任主要是：董事会、监事会的决议、决定违反法律法规或者公司章程、股东大会决议，致使公司遭受严重损失的，参与决议或决定的职工董事、职工监事应当按照有关法律法规和公司章程的规定，承担相应责任。但经证明在表决时曾表明异议或者代表职代会意见并载于会议记录的，可以免除责任。

职工董事、职工监事在收到董事会、监事会议题议案，审议发现有损害职工利益的内容，或者与已有的职代会意见相悖，必要时应向董事长、监事会主席提出暂缓审议该项议题或议案的建议，并及时向职代会报告。因故不能参加董事会、监事会会议时，应以书面形式委托其他董事、监事代为反映意见，并在委托书中明确授权范围。

七、职工董事、职工监事的任期、罢免和补选

（一）职工董事、职工监事的任期

职工董事、职工监事的任期与其他董事、监事的任期相同，每届任期不超过3年，任期届满后可以连选连任。职工董事、职工监事因辞职、患病、工作调动等原因离职的，或因劳动关系变更、终止、解除等原因不能履行职责时，经职代会通过终止其任职资格。

（二）职工董事、职工监事的罢免

职工董事、职工监事有下列行为之一的，由公司职代会依法罢免：

1. 公司职代会对其述职进行无记名民主评议，结果为不称职的；

2. 不能如实反映公司职代会的决议、决定，在参与公司决策、履行监督职责时不代表职工利益行使权利，损害职工合法权益的；

3. 拒绝向公司职代会报告工作的；

4. 有其他不依法履行职工董事、职工监事职责行为的。

罢免职工董事、职工监事，须由 1/3 以上职工代表或者 1/10 以上职工联名提出罢免议案，并经职代会讨论通过。职代会讨论罢免职工董事、职工监事有关事项时，职工董事、职工监事有权在会上提出申辩理由或书面申辩意见。罢免议案须采用无记名投票方式，经职代会全体职工代表的过半数同意方获通过。罢免案通过后，公司工会应当将罢免结果报上级工会和有关部门备案。

（三）职工董事、职工监事的补选

职工董事、职工监事出现空缺的，应当由公司工会尽快组织补选，补选程序与产生程序相同。在新补选职工董事、职工监事就任前，原职工董事、职工监事仍应当依照法律法规和公司章程的规定，履行其职责。

八、完善职工董事、职工监事履行职责的必要保障

（一）履职权益保障

公司应当为职工董事、职工监事依法履行职责提供必要的工作条件，保证其履职所必需的工作时间，其在履行职责期间除享受正常的工资和福利待遇外，履职所发生的费用比照其他董事、监事办理。职工董事、职工监事为履行职责，必要时可聘请律师或会计师等协助其工作，费用应依法参照有关规定由公司或公司工会承担。职工董事、职工监事

在任职期间，除法定情形外，公司不得与其解除劳动合同。职工董事、职工监事在任期内和任期届满后，公司不得因其履行职责的原因，对其降职、减薪或采取其他形式进行打击报复。

（二）工作制度保障

公司工会要推动公司依法完善职工董事制度、职工监事制度的相关配套制度，为充分发挥职工董事、职工监事的作用提供制度保障。建立培训制度，公司要在职工董事、职工监事任职前和任职期间组织其参加岗位适应性学习培训，不断提高其业务素质和履职能力。建立调研制度，职工董事、职工监事应通过工会和职代会建立起与广大职工群众联系的渠道，通过召开职工群众座谈会、职工代表团（组）长和职代会专门小组（委员会）负责人联席会议、职工代表巡视检查等形式，直接征求和听取职工群众的意见。

（三）信息服务保障

公司应协助职工董事、职工监事全面了解公司情况，及时向职工董事、职工监事提供公司生产经营管理等方面的资料和信息。职代会下设工作机构要及时向职工董事、职工监事提供职代会的议题、议案和决议等材料，协助其开展专题调研和巡视检查，及时反映职工的有关意见和建议。公司工会要通过各种有效途径，为职工董事、职工监事提供专业意见和相关咨询。

九、正确处理职工董事、职工监事与公司相关组织机构的关系

（一）正确处理职工董事、职工监事与公司党组织的关系

职工董事、职工监事接受公司党组织的思想政治领导。适应建立现代企业制度和公司实行民主管理的要求，公司党组织担负着加强公司民主管理制度建设、引领公司依靠职工办企业的政治责任，支持职工董

事、职工监事依法履行职责。

（二）正确处理职工董事、职工监事与股东会的关系

职工董事、职工监事通过董事会、监事会集体向股东会负责。职工董事、职工监事在董事会、监事会中代表职工行使参与决策和监督的民主权利，在研究决定涉及职工切身利益重要事项时，重点代表和维护职工利益，并应充分考虑和尊重出资人及公司的整体利益。股东会应尊重职工董事、职工监事的法定权利。

（三）正确处理职工董事、职工监事与董事会、监事会的关系

职工董事、职工监事参与并服从董事会、监事会的决策。职工董事、职工监事通过充分发挥职代会与董事会、监事会之间联系、沟通的桥梁作用，向董事会、监事会负责。职工董事应接受监事会的监督。董事会、监事会尊重并支持职工董事、职工监事依法履行职责。

（四）正确处理职工董事、职工监事与公司行政部门的关系

职工董事、职工监事与公司行政部门应互相尊重、互相支持。职工董事、职工监事通过参与董事会、监事会的工作，对公司经营管理工作施加影响，应支持配合公司行政部门履行经营管理职责；就涉及职工切身利益的事项和问题向有关职能部门征询意见，也可在职权范围内约见公司高级管理人员，反映职工对经理层的意见，并对经理层实施监督。公司行政部门在研究涉及职工切身利益的重大问题时，应当听取职工董事、职工监事的意见。

（五）正确处理职工董事、职工监事与职代会的关系

职工董事、职工监事应直接向公司职代会负责。职工董事、职工监事由职代会选举产生，参加职代会的有关活动，认真执行职代会的决议，自觉接受职代会的监督。职代会下设的机构，应协助职工董事、职工监事依法履行职责。职工董事、职工监事与职代会的关系，应当在公司职代会实施细则中作出明确规定。

职工董事、职工监事与职代会的关系具体体现在以下几方面。

1. 职工董事、职工监事围绕公司董事会、监事会会议议题，在参与决策前，通过职工代表大会或者参加职工代表团（组）长和专门小组负责人联席会议等形式，充分听取职工代表大会或职工意见和建议；在参与决策的过程中，要如实反映职工代表大会和职工的愿望和要求，代表职工讲话。事先没有听取职工代表大会和职工意见的，事后要向职工代表大会报告，取得认可。

2. 职工董事、职工监事应积极参加职工代表大会的有关活动，认真执行职工代表大会的有关决议，在董事会、监事会会议上按照职工代表大会的相关决定发表意见。

3. 要定期向职工代表大会报告工作，接受职工代表大会的质询。职工代表大会有权对职工董事、职工监事的工作进行监督检查，每年对其履行职责的情况进行民主评议，对民主评议不称职的予以罢免。

4. 职工董事如在董事会上不能如实反映职工代表大会的决议、意见，职工代表大会应向职工董事提出警告。如不接受警告，职工董事本人可以提出辞职，或者由职工代表大会依照民主程序罢免职工董事职务，并重新选举职工董事。职工董事、职工监事应参加或者列席职工代表大会主席团会议和职工代表团（组）长负责人联席会议。

（六）正确处理职工董事、职工监事与工会的关系

公司工会应为职工董事、职工监事履职提供高效服务。要帮助职工董事、职工监事解决工作和生活中的实际问题，及时督促协调公司行政为职工董事、职工监事提供有关信息资料。在涉及职工切身利益重要制度的制定、重大事项决议的执行过程中，为职工董事、职工监事形成书面意见，收集、整理和提供职工利益诉求及对公司生产经营管理等方面的意见和建议。

职工董事、职工监事与工会的关系具体体现在以下几方面：

1. 公司工会承担职工董事、职工监事与行政、职工代表大会、职

工代表等方面的日常联络，发挥组织、协调、服务作用，为其发挥作用创造条件；

2. 公司工会要积极支持职工董事、职工监事的工作，帮助建立职工董事、职工监事联系职工群众的制度，参与决策前咨询、论证和征求职工意见的制度，建立工会与职工董事、职工监事经常联系的制度；

3. 公司工会应协调和督促公司及时向职工董事、职工监事提供有关生产经营等方面的文件和资料，协助职工董事、职工监事进行调研、巡视等活动；

4. 公司工会应当在职工董事、职工监事收到董事会、监事会的议题或文件后，协助职工董事、职工监事听取职工意见，并对议题进行分析论证，提出意见；

5. 公司工会要通过为职工董事、职工监事成立"智囊团"等形式的组织，为职工董事、职工监事提供咨询服务；

6. 上级工会应对职工董事、职工监事的工作加强指导，抓好对职工董事、职工监事的培训，依法维护职工董事、职工监事的合法权益。

十、职工董事、职工监事的工作制度和工作方法

（一）职工董事、职工监事的工作制度

只有建立健全和完善相关的工作制度，才能为职工董事、职工监事发挥作用创造良好的环境。为此，必须高度重视职工董事、职工监事工作制度建设。

1. 建立和完善职工代表大会选举和罢免职工董事、职工监事制度。按照《公司法》等规定，董事会和监事会中的职工代表，由本公司工会提名后，经公司职工代表大会民主选举产生；董事会、监事会中的职工代表任期届满，可以连选连任；职工董事、职工监事有违法违纪行为或者不称职的，职工代表大会有权进行调查，并通过法定程序进行更换。对此，企业必须建立健全相应的制度，制定具体的实施办法和工作

细则，使之规范。

2. 建立和完善职工代表大会对职工董事、职工监事的监督评议制度。职工董事、职工监事要定期向职工代表大会报告参与董事会、监事会活动的情况，接受职工代表大会的监督和评议。为了做好对职工董事、职工监事的评议监督工作，应当建立健全监督评议制度，明确监督评议的原则、内容、程序、方法等。

3. 建立和完善职工董事、职工监事的教育培训制度。各级工会和企业要加强对职工董事、职工监事的培训，为他们提供必要的进修和学习机会，从理论上提高他们参政议政的水平。在实践中，要组织安排他们到公司有关职能部门进行考察学习，了解公司的资产和生产经营情况，掌握公司管理的基本业务知识，以便更好地发挥作用。

(二) 职工董事、职工监事的工作方法

掌握科学的工作方法，是职工董事、职工监事发挥作用的重要保障。根据各地的实践经验，归纳起来，职工董事、职工监事的工作方法如下。

1. 争取支持法。职工董事、职工监事要学会借用外力，要主动向公司党委领导、董事长、工会汇报工作，积极争取他们的支持。

2. 缓议复议法。职工董事、职工监事在参与董事会、监事会决策时要注意讲究策略。对于有些议题，职工董事、职工监事准备不充分，可以向董事会、监事会负责人提出暂缓上会，以便争取时间做好充分准备。

3. 知己知彼法。职工董事、职工监事在准备提出意见时，要在集思广益的同时，要先了解一下其他董事、监事的意见和想法，以便有针对性地准备自己的意见。

4. 主动让步法。职工董事、职工监事在董事会、监事会上经过据理力争，如果某一方案或者意见没有被采纳，应该适当作出让步，提出新的方案，争取得到董事会、监事会的认可。

5. 充分准备法。根据有关规定，董事会、监事会开会，一般应提前 10 天通知董事会、监事会成员。接到通知后，职工董事、职工监事应当广泛收集资料，多方进行论证，做充分的准备，不打无把握之仗。

6. 调查研究法。调查，就是通过各种手段和途径，了解和掌握客观事物，全面、系统地收集有关事物的情况，占有大量的、确实可靠的第一手材料；研究，就是在通过调查获得丰富材料的基础上，进行去粗取精、去伪存真、由此及彼、由表及里的加工制作，从客观事物的本来面目中找出其规律性。调查和研究，是认识客观事物、寻找客观规律性的基本方法和实际过程。调查研究的目的，在于通过对事物的本质及其规律性的认识，正确指导当前和今后的实践，实事求是地解决各种问题。

十一、职工董事、职工监事的作用如何发挥

加强公司制企业职工董事、职工监事制度建设，是推进国有企业改革与发展的一项重要政策，是落实党的全心全意依靠工人阶级指导方针，确保职工主人翁地位和权利的一项重要制度，是公司制企业实行职工民主决策、民主管理、民主参与、民主监督的重要途径。

但是在实际工作中，存在着对建立职工董事、职工监事制度的思想认识不统一，推行和完善这一制度的自觉性和主动性不够，职工董事、监事的工作程序不规范，职工董事、监事的权利和职责不落实，职工董事、监事没有发挥出应有的作用等问题。在建立健全职工董事、职工监事制度当中如何处理好这些问题，需要在理论和实践上进行积极的探索。初步提出以下设想。

(一) 职工董事、职工监事要不断提高自身素质

作为职工董事和监事的职工代表要充分认识身负的代表广大职工合法权益的重大职责，努力学习，不断提高自身素质。除了保持自己对具体生产经营环节熟悉的长处之外，更要了解市场经济知识和现代企业管

理知识，掌握党和国家的大政方针及相关法律、法规。要对股份制企业"新三会"管理制度的机制关系、工作制度、自身职责做到熟悉和运用，大胆积极地在参与管理和监督中发挥自己的作用。各级党委、政府、工会组织要重视、加强对职工董事、职工监事的培训，全面提高职工董事、职工监事的素质。

（二）职工董事、职工监事要明确自己的职责

职工董事、监事要摆正自己的位置，把代表广大职工的合法权益作为自己的根本职责。作为董事会监事会的成员，职工董事、监事当然也负有对企业的发展正确决策，促进企业股东利益持续提高的重要职责。但是从设立职工董事、监事就在于保护职工合法权益的本意说，职工董事、监事更要把职工诸如工资收入、劳动保护、各种社会保险费的缴纳、生活福利、下岗或待岗待遇等切身利益，作为自己参政议政的重点内容。要敢于为职工说话办事，特别是当职工意见与企业管理层意见不一致时，不能人云亦云，放弃职工群众的合法权益。

（三）职工董事、职工监事要认真听取、反映职工意见和建议

作为职工董事、监事的职工代表，在每次董事会监事会开会之前，对所议之事应该认真听取了解职工群众的意见和建议，真正把广大职工的意愿反映出来。职工董事、职工监事了解职工群众意见和建议可以采取开座谈会、个别交谈、发问卷调查表等多种多样的形式，在需要表决时也可以用开会举手表决、票决、无记名投票等多种方法。总之，要通过自身的工作，保证企业决策机构和监督机构始终与职工群众保持密切的联系，从而增强企业决策和管理的科学化、民主化，而不能让职工董事、监事这种保证职工主人翁地位和权利的制度形同虚设。

（四）规范并落实工会主席、副主席进入董事会、监事会制度

工会是《工会法》《劳动法》明确规定的职工利益的代表者和维护者，具有组织网络健全、上传下达迅捷广泛的特点，工会主席、副主席

作为职工董事、监事的首选候选人是顺理成章的。在职工董事、监事制度建立初始期，基层单位成立董事会、监事会一般也都是这样做的。基层分工会一级没有副主席，一般或是主席既进入董事会也进入监事会，或是主席进入董事会，委员进入监事会。但是由于股份制改造的新生性，难免在初始期发生人事变动的情况，造成董事会、监事会里职工董事、监事被更换甚至缺位的现象，应当引起有关方面的重视，规范和落实工会主席、副主席进入董事会、监事会制度，保证职工董事、监事能够起到代表和维护广大职工合法权益的作用。

（五）重视职工持股会选派职工代表进入董事会、监事会

职工持股会作为代表职工参与企业投资、分配的一种组织形式，日益受到企业和广大职工的重视和欢迎。职工持股会选派职工代表进入董事会、监事会成为代表和维护持股会职工权益的必然。并且这里代表持股会职工权益的职工董事、监事与原来董事会、监事会中的职工董事、监事相互并不替代，也就是持股会选派到董事会、监事会的代表不占职工董事、监事的名额。这样从实际上说，是增加了董事会、监事会当中职工董事、监事的比例，有利于职工董事、监事代表和维护广大职工权益作用的发挥。

（六）把职工董事、职工监事制度与职工代表大会制度有机结合起来

从同是实现职工民主决策、民主管理、民主监督的角度看，职工董事、职工监事制度是职工代表大会制度的延伸和发展。职工董事、职工监事按规定由职工代表大会选举产生，因此，职工董事、监事应该向职工代表大会负责，向职工代表大会报告工作，接受其监督。职工代表大会也应该定期考查、质询、评议职工董事、监事的工作。各级工会组织应该把建立健全职工董事、职工监事制度作为维护职工合法权益，实现职工民主决策、民主管理、民主监督的新领域、新途径，在日常工作职能中增加工会作为职工董事、监事办事机构的内容，统一管理和协调职

工代表大会工作与职工董事、监事工作。

（七）可以考虑培养和设立专职的职工董事、职工监事

在职工董事、职工监事制度运作中，还可以考虑培养和设立专职的职工董事、职工监事。这些专职职工董事、监事不仅仅在一个公司制企业任职，而是可以同时在几个公司制企业中履行职工董事、监事的职责。目前，一个公司制企业多下设数个公司，在这些公司的董事会、监事会都要有职工董事、监事，难免有走形式或滥竽充数的现象。从另一方面说，这些公司的经济活动和涉及的职工群众的利益又常常是关联、交织的。如果有专职人员同时担任这些公司的职工董事、监事，则既可以使这些人员"超脱"出来，专门代表和维护职工劳动者权益的职责，又能够解决实际存在的兼有经济管理知识水平和参政议政能力的职工董事、监事人员欠缺的问题。

【思考题】

1. 什么是职工董事、职工监事？

2. 职工董事、职工监事制度的重要意义是什么？

3. 职工董事、职工监事的条件是什么？

4. 职工董事、职工监事的职权是什么？

5. 职工董事、职工监事的义务有哪些？

6. 简述职工董事、职工监事履行职责的必要保障。

【案例】

中国建筑第八工程局有限公司
四级联动　分层实施　以多级职代会推动企业民主管理有效落实

2021 年 10 月 15 日　来源：《工人日报》

中建八局适应国有大型建筑企业集团实际，探索多级职代会制度，完善企业集团职工参与管理的有效方式，促进劳动关系和谐稳定和企业

高质量发展。

第一，加强顶层设计，建立完善四级职代会组织架构。探索形成以局（集团）职代会为统领，以公司职代会为主体，以分公司职代会为支撑，以项目部职工大会为基础的多级职代会运行机制。一是健全组织，夯实基础。坚持党建带工建，将工会工作纳入企业党建工作总体格局，同部署、同检查、同考核。修订《关于进一步加强和改进工会工作的实施意见》，对各级工会的机构设置、岗位配备、职级待遇等做出明确规定。二是完善制度，融入管理。将规范职代会建设纳入公司章程，融入企业治理结构。制订完善《职工代表大会代表选举办法》《职工代表大会提案工作管理办法》等配套文件，依法落实职工董事、职工监事制度。三是明确流程，精准实施。编制《工会工作管理手册》《项目党群工作手册》，对职代会召开程序、代表评议、提案办理、职工代表巡视等进行规范。

第二，注重分级管理，健全规范四级职代会运行体系。一是整体规划，四级联动。局党委制订《关于规范各级职工（代表）大会制度建设的意见》，对四级职代会的代表产生、结构比例、届期频次等内容进行规定。二是权责一致，各有侧重。局和公司两级职代会注重审议涉及企业改革发展的全局性、根本性问题以及涉及职工切身利益的普遍性倾向性的重大问题；分公司和项目部职代会侧重审议项目生产管理和职工具体利益的重大事项。三是分层实施，合力推进。规定局和公司两级召开职工代表大会；分公司召开职工代表大会或职工大会；项目部召开职工大会。充分发挥党政工职能作用，合力推进多级职代会制度落地见效。

第三，力求制度实效，提升四级职代会运行质量。一是联席会议，无缝衔接。局和公司均建立了职代会联席会制度。在职代会闭会期间，依托职代会联席会议，协商和处理需要临时解决的重要问题并提请下一次职代会确认。基层单位成立职工代表巡访团，开展职工代表巡视等活动。二是结果导向，力求实效。制订《关于建立企务公开工作责任制落实责任追究的实施办法》，明确党政工及相关部门的职责及责任追究内容。把职代会制度的要求纳入年度党建综合检查、领导班子述职、工会主席岗位目标管理，考核结果与领导人员的年薪收入、先进单位评选挂钩。依托局党建 E 通工作平台，实现职工代表提案网上征集、职代会换届网上审批、职工意见网上管理。

第八章　平等协商与集体合同制度

平等协商与集体合同制度作为协调劳动关系的基本法律制度，在推动职工民主管理、加强基层民主政治建设、促进经济社会高质量发展中具有重要的作用。根据规定，职工代表大会的重要职权之一，就是要审议通过集体合同草案。而且，有些职工代表还要直接参与平等协商、签订集体合同工作。为此，职工代表应当学习了解平等协商与集体合同的有关知识和规定。

一、平等协商与集体合同概述

(一)　平等协商与集体合同

在我国，平等协商是指企事业工会代表职工与企事业就涉及职工合法权益等事项进行商谈的行为。平等协商是保护职工合法权益，建立和谐稳定的劳动关系，调动和发挥广大职工积极性、主动性、创造性，促进企事业和职工加强沟通、共谋发展的重要手段。平等协商是签订集体合同的基础和关键环节。

集体合同又称团体协约、集体协议等，是指工会或者职工推举的职工代表代表职工与用人单位依照法律法规的规定就劳动报酬、工作条件、工作时间、休息休假、劳动安全卫生、社会保险福利等事项，在平等协商的基础上所缔结的书面协议。专项集体合同是指用人单位与本单位职工根据法律、法规、规章的规定，就集体协商的某项内容签订的专项书面协议。《劳动合同法》第 51 条规定：企业职工一方与用人单位通过平等协商，可以就劳动报酬、工作时间、休息休假、劳动安全卫生、保险福利等事项订立集体合同。《工会法》第 6 条第 2 款规定："工会通过平等协商和集体合同制度等，推动健全劳动关系协调机制，维护职工劳动权益，构建和谐劳动关系。"为规范平等协商和签订集体合同行为，依法维护劳动者和用人单位的合法权益，《集体合同规定》自 2004 年 5 月 1 日起施行。

《中国工运事业和工会工作"十四五"发展规划》提出，努力构建多层次、全方位、网格化劳动关系协商协调格局。大力推进行业性、区域性集体协商。以正常经营、已建工会的百人以上企业为重点，巩固集体协商建制率，确保重点企业单独签订集体合同率动态保持在 80% 以上；推动企业建立健全多形式多层级的沟通协商机制，应急、应事、一事一议开展灵活协商。

（二）集体合同的特征

集体合同首先具有一般合同的共同特征，即是平等主体基于平等、自愿协商而订立的规范双方权利和义务的协议。除此以外，集体合同还具有如下特征。

1. 集体合同是特定的当事人之间订立的协议。在集体合同中当事人一方是代表职工的工会组织或职工代表；另一方是用人单位。当事人中至少有一方是由多数人组成的团体。特别是职工方，必须由工会或职工代表参加，集体合同才能成立。

2. 集体合同内容包括劳动报酬、工作时间、休息休假、劳动安全卫生、保险福利等事项。在集体合同中，劳动标准是集体合同的核心内容，对个人劳动合同起制约作用。

3. 集体合同的双方当事人的权利义务不均衡。其基本上都是强调用人单位的义务，如用人单位为劳动者提供必要的劳动设施和劳动条件，改善职工的生活福利等。

4. 集体合同采取要式合同的形式，需要报送劳动行政部门登记、审查、备案方为有效。

5. 集体合同受到国家宏观调控计划的制约，就效力来说，集体合同效力高于劳动合同，劳动合同规定的职工个人劳动条件和劳动报酬标准，不得低于集体合同的规定。

6. 集体合同的订立，主要通过劳动关系双方的代表或双方的代表组织平等协商，在协商一致的基础上达成协议。

（三）集体合同的种类

按照不同的标准，集体合同可以划分为不同的种类。

1. 按照集体合同的主体范围划分。

（1）企业集体合同。由企业工会代表企业全体职工与企业签订的集体合同。

（2）行业集体合同。由行业工会与相应的行业的雇主团体或行业主管部门签订的集体合同。

（3）区域集体合同。由地区工会和雇主团体签订的集体合同。

2. 按照集体合同的内容划分。

（1）综合性集体合同。由企业工会或行业、地区工会和企业、行业协会、地区的经济管理部门签订的内容比较全面的集体合同。

（2）专项集体合同。就某一专项内容由工会和企业或行业协会、政府管理部门签订的集体合同。如：工资集体合同、劳动安全卫生集体合同、女职工权益保护集体合同、企业改制职工合法权益保护的集体合同等。

二、平等协商与集体合同制度的重要意义

平等协商与集体合同制度是工人运动的产物，也是当代发达国家劳权保障的重要劳动法律制度。在我国，随着社会主义市场经济的深入发展，社会经济关系和劳动关系发生了深刻变化，劳动者权益保障成为重要的社会问题。大力推行平等协商与集体合同制度，对于建构科学有效的劳动者权益维护机制，推动公平、和谐的新型劳动关系的形成，促进

经济与社会高质量发展，具有深远的历史意义。

（一）平等协商与集体合同制度是促进劳动关系和谐稳定的需要

为规范市场秩序和经济运行规则，国家必须通过立法来体现公平、公正，以维持社会各利益群体之间的利益关系平衡，从而达到整个社会生活秩序的稳定和国家政权的巩固。通过平等协商和签订集体合同，可以兼顾双方的利益，使双方利益达到相对平衡，从而保证劳动关系的稳定。同时，通过平等协商和签订集体合同，可以及时反映职工的意见和要求，寻找合理的解决办法，防止出现劳动争议，避免矛盾激化。当出现争议时，可以将职工与用人单位之间自发的、无序的冲突，变为有序的依法协商和协调行为，以保证劳动关系的和谐和稳定。同时也有利于消除或弥补劳动合同存在的某些随意性，给用人单位劳动关系的调整提供一种新机制，从而使劳动关系更和谐、更稳定、更巩固，更有利于促进企事业单位发展。

（二）平等协商与集体合同制度是维护职工合法权益的重要手段

在社会主义市场经济条件下，国家不再直接干预劳动关系的建立，而是由用人单位与劳动者协商确定。由于劳动者个体在劳动关系中处于弱势地位，因此，法律赋予工会代表劳动者进行平等协商的权利，以使劳动者与用人单位在地位上获得一定程度的平等，从而有利于帮助劳动者争取应得的利益。同时，有利于工会更好地履行维权服务的基本职责，使工会在协调劳动关系和维护职工劳动权益的职能发挥得更直接、更生动、更有效，使工会的"维权服务"职能实现法治化。

（三）平等协商与集体合同制度是促进现代企业制度建设，实行经济民主的需要

现代产权制度、组织制度和管理制度构成了现代企业制度内部的权利关系及制约机制。现代企业制度的基本特征和要求之一，就是产权与劳权的利益关系要和谐、公正，如果任何一方的利益受到不公平的待遇

或者得不到应有的尊重，其结果必将使双方的利益都受到损害。市场经济也是民主经济。一是产权民主，即产权构成多元化；二是管理民主，即劳动者广泛参与企业管理；三是利益分配民主，即劳方利益由劳资双方在平等协商一致的基础上确定。从这个意义上说，平等协商与集体合同制度不仅仅是利益保护制度，也是现代企业的科学管理制度。集体合同制度的核心是利益共享和风险共担，它可以把职工的切身利益与企业经营状况紧密地联系起来，有利于调动职工的积极性、主动性、创造性，增强企业的活力和凝聚力，提高企业的管理水平和经济效益。

（四）平等协商与集体合同制度是实现劳动者的民主权利，促进民主政治建设的需要

劳权的实质是人权，尊重平等协商的权利，其实就是尊重人权。从微观上看，在一个企事业单位中，劳动者的政治地位是通过参与民主决策、民主协商、民主管理、民主监督、民主选举等权利的实现而得以体现的。现代管理越来越强调以人为本。以人为本，实现人的全面发展是党的价值观的基本体现，也是全面建成社会主义现代化强国宏伟目标的内容之一。平等协商作为劳动者实现经济利益和民主权利的重要法律途径，在推进民主政治建设、贯彻以人为本理念方面具有重要的政治意义和现实意义，而不能把它仅仅视为劳动者实现眼前经济利益的一种手段。

（五）平等协商与集体合同制度是更好发挥工会作用的基本途径

平等协商与集体合同制度，有利于更好地发挥工会在协调劳动关系中的积极作用，使工会在协调劳动关系和维护职工劳动权益的职能发挥得更直接、更主动、更有力、更有效，使工会的维权服务职责实现法治化，并带动工会全面工作的开展。

三、平等协商、签订集体合同的原则

根据《劳动法》及《集体合同规定》，平等协商、签订集体合同应当遵循以下原则。

（一）合法原则

合法，是指平等协商、签订集体合同的主体、内容和程序必须符合国家法律规定。根据劳动法律、法规和有关规定，工会、职工代表、企业、事业组织是订立集体合同的主体，其他组织或者个人无权订立集体合同。在内容上，集体合同的内容不得与法律法规相抵触，只有在此原则下订立集体合同，才能为国家承认，受国家法律保护；在程序上，集体合同当事人要依照法律规定进行协商、谈判、审议、签字、报送、审查与公布，只有履行了上述程序，所订立的集体合同才具有法律效力；在格式上，国家有关部门规定了标准格式的，要采用标准格式。

总之，集体合同只有遵循合法原则，才能得到国家的认可，才具有法律效力。

（二）相互尊重，平等协商原则

相互尊重，是指劳动关系主体双方之间要互相尊敬和敬重，营造良好的协商氛围，不能强迫，更不能采取威胁、引诱等不正当手段。平等协商是指在平等协商、签订集体合同过程中，双方当事人法律地位平等，都要以平等的身份进行协商，任何一方都不能凌驾于另一方之上，任何一方不得强迫对方服从自己的意见。集体合同要经过反复协商，达成一致意见后，才能签订。

（三）诚实守信，公平合作的原则

遵循诚实守信、公平合作原则，目的在于保证协商过程及合同订立与履行的真实性和有效性，防止欺诈、胁迫或不当交易行为的发生。诚实，就是说老实话、办老实事，不弄虚作假，不隐瞒欺骗，不自欺欺人，表里如一。守信，就是要讲信用、守诺言，也就是要言而有信、诚实不欺等。诚实守信，是道德规范的重要内容，是做人之本、办事之根，也是开展平等协商、签订集体合同的重要原则，要求双方都要言行一致，讲信用、守承诺，在合情合理、相互信任、互相配合、平等协商的基础上，签订集体合同。公平合作，即在进行平等协商过程中，当事人双方代表应当以彼此诚挚合作的态度，对涉及的所有问题必须进行充分的协商。尽管企事业单位与职工的利益有差异，但也存在共同点，要通过劳资合作，实现劳资两利。集体协商的双方应当互相信任、互相理解、互相谅解、齐心协力，真正做到公平合作。

（四）兼顾双方合法权益的原则

兼顾双方合法权益，就是要求工会在代表职工同企事业单位进行协商谈判时，要正确处理各方利益关系，既要维护职工的合法利益，又要从企事业实际出发，把改善职工劳动、生活条件与企事业的发展结合起来。公有制企事业单位要在兼顾国家、企事业单位、职工利益的基础上建立协调稳定的劳动关系。非公有制企事业单位要在劳资两利的基础上建立协调稳定的劳动关系，使企事业单位和职工得到"双赢"。

（五）不得采取过激行为的原则

不得采取过激行为，即按照双方约定的规则，妥善处理劳动争议和利益矛盾，在进行平等协商期间，尤其是在协商不成、双方意见发生对立时，劳动关系双方都要树立依法有序解决争议的意识，避免采取过于激烈的行动。如果双方意见僵持难以形成统一时，可暂时休会，期间必须保证生产经营的正常秩序。

四、平等协商、集体合同的内容

平等协商、集体合同的内容，是指在平等协商、集体合同中需要明确规定的双方当事人的权利义务条款及必须明确的其他问题。平等协商、集体合同的内容主要包括实质性规定和程序性规定两个方面。实质性规定主要是劳动条件和劳动标准，程序性规定主要是与劳动管理、平等协商和集体合同有关的规定。

（一）有关劳动条件和劳动标准方面的内容

劳动条件和劳动标准是集体合同的核心，而且又是选择性最强的部分，这部分条款涉及劳动者的切身利益。从劳动者平等就业权的保障直至死亡抚恤等问题都可以涉及。这里需要注意两个问题，一个是从优，一个是从高。从优即在众多的协商内容中确定何者优先，平等协商应当以职工最为关心的问题为先，以抓住重点、循序渐进、逐步完善为原则。从高即平等协商所确定的劳动标准条件必须高于法定的劳动标准条件。低于法定标准是违法的，与法定标准相同是没有意义的，因为即使不签订集体合同，用人单位也必须执行法定的劳动标准条件，无需再经集体合同确认。平等协商、签订集体合同的目的就在于，法定的劳动标准条件是最基本的标准条件，是最低限度，它合法但不一定合理，因此需要通过平等协商在法定劳动标准条件基础上确定适合用人单位，且双方都能接受的合理的劳动标准条件，如在社会保险问题上，国家规定的基本的强制性的社会保险是无需协商的，用人单位必须按国家规定及标准为职工缴纳社会保险费，但在养老保险、医疗保险中的补充性保险则是用人单位可以自愿选择的，集体合同可就此协商要求用人单位为职工建立补充保险。

劳动条件和劳动标准方面的具体内容包括如下。

1. 劳动报酬

劳动报酬是劳动者付出体力或脑力劳动所得的对价，体现的是劳动者创造的社会价值。劳动报酬是劳动者主要的或者唯一的生活来源，是劳动标准的核心内容，一般每年至少协商1次。主要包括：（1）用人单位工资水平、工资分配制度、工资标准和工资分配形式；（2）工资支付办法；（3）加班、加点工资及津贴、补贴标准和奖金分配办法；（4）工资调整办法；（5）试用期及病、事假等期间的工资待遇；（6）特殊情况下职工工资（生活费）支付办法；（7）其他劳动报酬分配办法。

2. 工作时间

工作时间又称劳动时间，是指法律规定或集体合同规定的劳动者在一昼夜和一周内从事劳动的时间。工作时间主要包括：（1）工时制度；（2）加班加点办法；（3）特殊工种的工作时间；（4）劳动定额标准。

3. 休息休假

休息休假是指劳动者为行使休息权在国家规定的法定工作时间以外，不从事生产或工作而自行支配的时间。主要包括：（1）日休息时间、周休息日安排、年休假办法；（2）不能实行标准工时职工的休息休假；（3）其他假期。

4. 劳动安全卫生

劳动安全卫生，又称职业安全卫生，也叫"劳动保护"，它是指直接保护劳动者在劳动或工作中的生命安全和身体健康的法律制度。劳动安全，一般是指在劳动过程中防止中毒、触电、机械外伤、车祸、坠落、塌陷、爆炸、火灾及劳动者人身安全事故发生的防范性措施。劳动卫生，是指在劳动过程中对有毒有害物质危害劳动者身体健康或者引起职业病发生的防范性措施。主要包括：（1）劳动安全卫生责任制；（2）劳动条件和安全技术措施；（3）安全操作规程；（4）劳保用品发放标准；（5）定期健康检查和职业健康体检。

5. 补充保险和福利

补充保险指由企事业单位根据自身经济实力，在国家规定的实施政策和实施条件下为本单位职工建立的一种辅助性的保险。福利分广义和狭义两种，广义的福利泛指在支付工资、奖金之外的所有待遇，包括社会保险在内。狭义的福利是指企事业单位根据劳动者的劳动在工资、奖金以及社会保险之外的其他待遇。补充保险和福利主要包括：（1）补充保险的种类、范围，如补充养老保险、补充医疗保险；（2）基本福利制度和福利设施；（3）医疗期延长及其待遇；（4）职工亲属福利制度。

6. 女职工和未成年工的特殊保护

女职工是指各行各业的女性劳动者。未成年工是指年龄已满 16 周岁、未满 18 周岁的劳动者。女职工和未成年工本身的生理特点决定了应当给予女职工和未成年工特殊的劳动保护。女职工由于其生理特点，往往在劳动和工作中遇到一些特殊的困难；同时她们还承担着生育和抚育婴幼儿的天职。如果在劳动中对于女职工的这些特点不予注意，不加以保护，不仅会影响女职工本身的安全和健康，而且会影响到下一代的安全和健康。未成年工正处在成长发育时期，过重和过度紧张的劳动、高温等不良的工作环境，不合适的劳动工具等因素，都可能影响未成年工在劳动过程中的安全和健康。对女职工和未成年工的保护是对生产力的保护，有利于我国现代化建设大业，是社会文明进步的标志。女职工和未成年工的特殊保护，主要包括：（1）女职工和未成年工禁忌从事的劳动；（2）女职工的经期、孕期、产期和哺乳期的劳动保护；（3）女职工、未成年工定期健康检查；（4）未成年工的使用和登记制度。

7. 职业技能培训

职业技能培训，是按照国家职业分类和职业技能标准进行的规范性培训。国家规定一些职位必须经过职业培训，获得职业技能等级证书后方可上岗。职业技能培训关系到劳动者素质的提高，关系到经济社会的发展。职业技能培训主要包括：（1）职业技能培训项目规划及年度计划；（2）职业技能培训费用的提取和使用；（3）保障和改善职业技能培训的措施。

8. 劳动合同管理

劳动合同是劳动者与用人单位之间确立劳动关系，明确双方权利和义务的协议。劳动合同的管理，从广义上讲，是指劳动行政主管部门、用人单位行政和工会组织，在各自的职责范围内，根据法律、法规和政策的要求，运用指导、组织、监督、检查等手段，分别对劳动合同的订立、履行、变更、解除与终止等行为实施的行政管理、单位管理和民主管理，制止、纠正和查处劳动合同运行中的违法行为，以保障劳动合同的贯彻实施。劳动合同管理主要包括：（1）劳动合同签订时间；（2）确定劳动合同期限的条件；（3）劳动合同变更、解除、续订的一般原则及无固定期限劳动合同的终止条件；（4）试用期的条件和期限。

9. 奖惩

奖惩，即在客观、公平、公正考核和评价的基础上，对工作中有显著成绩和贡献的职工给予奖励；对考核不合格的职工、工作中有严重失误或者给用人单位造成重大损失以及严重违反规章制度的职工给予处罚。奖惩主要包括：（1）劳动纪律；（2）考核、奖惩制度；（3）奖惩程序。

10. 裁员

裁员是经济性裁员的简称，是因用人单位的原因解除劳动合同的情形。指的是用人单位在法定的特定期间依法进行的集中辞退员工的行为。《劳动合同法》第41条规定："有下列情形之一，需要裁减人员20人以上或者裁减不足20人但占企业职工总数10%以上的，用人单位提前30日向工会或者全体职工说明情况，听取工会或者职工的意见后，裁减人员方案经向劳动行政部门报告，可以裁减人员：（一）依照企业破产法规定进行重整的；（二）生产经营发生严重困难的；（三）企业转产、重大技术革新或者经营方式调整，经变更劳动合同后，仍需裁减人员的；（四）其他因劳动合同订立时所依据的客观经济情况发生重大变化，致使劳动合同无法履行的。"集体合同中关于裁员的内容主要包括：（1）裁员的方案；（2）裁员的程序；（3）裁员的实施办法和补偿标准。

11. 双方认为应当协商约定的其他内容

（二）有关集体合同本身程序性规定的内容

有关集体合同本身程序性规定是集体合同的必备内容。根据《劳动法》《集体合同规定》等有关法律法规的规定，这部分内容主要如下。

1. 集体合同期限

集体合同期限，即集体合同的有效时间。根据规定，集体合同或专项集体合同期限一般为 1 至 3 年，期满或双方约定的终止条件出现，即行终止。

2. 变更、解除集体合同的条件和程序

集体合同的变更，是指在集体合同没有履行或没有完全履行之前，因订立集体合同时所依据的主客观情况发生某些变化，需要依据法律规定的条件和程序，对原合同中的某些条款进行修改补充。集体合同的解除，是指集体合同在没有履行或没有完全履行之前，因订立集体合同时所依据的主客观情况发生变化，致使合同的履行成为不可能或不必要，当事人依照法定条件和程序，终止原集体合同法律关系。集体合同的变更或解除，必须具备一定的条件，符合法定程序。

3. 履行集体合同发生争议时的协商处理办法

履行集体合同发生争议时的协商处理办法，包括协商处理争议的参加人员、范围、原则、程序、办法以及申请仲裁的条件等。

4. 违反集体合同的责任

违反集体合同的责任，简称违约责任，是指集体合同当事人由于过错造成集体合同不能履行或者不能完全履行，依照法律或者集体合同的规定所应承担的法律后果。承担违反集体合同的责任，必须同时具备以下两个条件。第一，当事人有违反集体合同的行为。违反集体合同的行为是当事人承担责任的客观依据。违反集体合同的行为有完全不履行行为和不完全履行行为。完全不履行行为就是根本不履行集体合同规定的任何义务；不完全履行行为是指没有全面履行集体合同规定的义务或没有按规定的标准条件、履行方式履行义务。第二，当事人要有违反集体合同的过错。过错，是指企事业单位或工会及职工在实施违反集体合同责任时的主观心理状态，包括故意和过失两种。集体合同订立后，当事人无论是故意或过失造成集体合同不能履行或不能全面履行，都应当承担责任。如属双方过错造成集体合同不能履行，应由双方分别承担各自应负的责任。

五、平等协商、签订集体合同的程序

平等协商和签订集体合同的程序必须符合法律规定，这样签订的集体合同才具有法律效力。根据《集体合同规定》，平等协商、签订集体合同的程序主要包括 3 个阶段，具体程序如下。

（一）准备阶段

在开展平等协商前，必须做好充分的准备工作。具体准备工作如下。

1. 宣传教育工作

通过各种途径和形式进行有关平等协商、签订集体合同的宣传教育，提高职工群众和经营管理人员对平等协商、集体合同的认识，为开展平等协商、签订集体合同工作奠定思想基础。

2. 抓好培训工作

平等协商、签订集体合同是一项政策性、业务性很强的工作，要加强对工会干部和参加协商的职工代表培训，提高协商谈判能力。

3. 收集有关资料和数据

广泛收集有关资料，包括国家、地方的有关劳动法律、法规、政策，企事业外部的信息资料和企事业内部的信息资料，作为拟定协商议题和起草集体合同文本的依据。

4. 征求职工意见

通过各种途径，广泛征求职工群众的意见和建议，注意听取一线工人、科技人员、管理人员和退休职工等各方面的意见和要求，确保集体合同能够切实符合企事业单位的实际，具有针对性。

5. 拟订协商的议题

根据职工的要求和企事业提供的生产经营情况和国家的有关法律法规拟定切实可行的协商议题。集体协商议题可由提出协商一方起草，也可由双方指派代表共同起草。

6. 拟订协商方案

平等协商议题确定后，就要着手拟定平等协商方案。

7. 确定协商的时间、地点等事项

8. 确定集体协商记录员

共同确定 1 名非协商代表担任集体协商记录员。记录员应保持中立、公正，并为集体协商双方保密。

（二）平等协商阶段

平等协商、签订集体合同制度，重在平等协商机制的建立，这是实施集体合同制度的灵魂。平等协商过程就是协调劳动关系的过程，平等协商的水平高低决定集体合同的质量好坏，抓好这一环节，是保证集体合同质量的关键。

1. 提出协商要约

在确定了平等协商议题、协商人员、时间和地点后，提议方首先以书面形式向对方就签订集体合同或专项集体合同以及相关事宜，提出进行平等协商的要求。另一方应当在收到平等协商要求之日起 20 日内以书面形式给予回应，无正当理由不得拒绝进行平等协商。双方可先进行非正式的协商，如无重大分歧即可进入正式协商。

2. 召开协商会议

平等协商一般采取协商会议的形式。协商会议由双方首席代表轮流主持，在明确协商议程、规则后，协商双方就商谈事项发表各自意见，开展充分讨论。

3. 双方首席代表归纳意见

协商达成一致的，形成集体合同草案或专项集体合同草案，由双方首席代表签字。如果平等协商未达成一致意见或出现事先未预料的问题时，经双方协商，可以中止协商。中止期限及下次协商时间、地点、内容由双方商定。平等协商过程中发生争议，双方当事人不能协商解决的，当事人一方或双方可以书面向劳动保障行政部门提出协调处理申请。劳动保障行政部门应当组织同级工会和企事业组织等三方面的人员，共同协调处理平等协商争议。协调处理平等协商争议，应当自受理协调处理申请之日起 30 日内结束协调处理工作。期满未结束的，可以适当延长协调期限，但延长期限不得超过 15 日。

（三）签约阶段

1. 职工代表大会审议

根据《劳动法》第 33 条规定，企业职工一方与企业可以就劳动报酬、工作时间、休息休假、劳动安全卫生、保险福利等事项，签订集体合同。集体合同草案应当提交职工代表大会或者全体职工讨论通过。

集体合同草案形成后，应当提交职工代表大会或者全体职工讨论通过。职工代表大会或者全体职工讨论集体合同草案或专项集体合同草案，应当有 2/3 以上职工代表或者职工出席，且须经全体职工代表半数以上或者全体职工半数以上同意，集体合同草案或专项集体合同草案方获通过。

2. 签订集体合同

集体合同经职工代表大会审议通过后，要由双方首席代表签字，这是集体合同的必要手续，是集体合同的形式要件，不履行这个手续集体合同是无效的。

3. 报送登记

集体合同或专项集体合同签订或变更后，应当自双方首席代表签字之日起 10 日内，由用人单位一方将文本一式三份报送劳动保障行政部门审查。工会也应将集体合同文本报送上级工会。《劳动合同法》第 54 条规定：集体合同订立后，应当报送劳动行政部门；劳动行政部门自收到集体合同文本之日起 15 日内未提出异议的，集体合同即行生效。劳动保障行政部门对报送的集体合同或专项集体合同应当办理登记手续。

4. 集体合同公布

集体合同生效后，工会应当以适当形式，如张榜公布、大会宣读、下发文件、单印成册等，向广大职工公布，使广大职工群众了解集体合同的内容。

六、集体协商代表

（一）集体协商代表概述

集体协商代表是指按照法定程序产生并有权代表本方利益进行集体协商的人员。

集体协商双方的代表人数应当对等，每方至少 3 人，并各确定 1 名首席代表。

（二）集体协商代表的产生

职工一方的协商代表由本单位工会选派。未建立工会的，由本单位职工民主推荐，并经本单位半数以上职工同意。

职工一方的首席代表由本单位工会主席担任。工会主席可以书面委托其他协商代表代理首席代表。工会主席空缺的，首席代表由工会主要负责人担任。未建立工会的，职工一方的首席代表从协商代表中民主推举产生。

用人单位一方的协商代表，由用人单位法定代表人指派，首席代表由单位法定代表人担任或由其书面委托的其他管理人员担任。

集体协商双方首席代表可以书面委托本单位以外的专业人员作为本方协商代表。委托人数不得超过本方协商代表的 1/3。但首席代表不得由非本单位人员代理。

（三）集体协商代表的职责

根据《集体合同规定》，协商代表应履行下列职责：

1. 参加集体协商；

2. 接受本方人员质询，及时向本方人员公布协商情况并征求意见；

3. 提供与集体协商有关的情况和资料；

4. 代表本方参加集体协商争议的处理；

5. 监督集体合同或专项集体合同的履行；

6. 法律、法规和规章规定的其他职责。

协商代表应当维护本单位正常的生产、工作秩序，不得采取威胁、收买、欺骗等行为。

协商代表应当保守在集体协商过程中知悉的用人单位的商业秘密。

（四）对职工协商代表的保护

职工一方协商代表受全体职工委托，与用人单位就有关职工劳动权益和协调企事业单位劳动关系的重大问题进行协商谈判，在协商中难免与用人单位发生冲突，产生纠纷，自身合法权益受到侵害，如受到降低工资待遇、无故被单位变更工作岗位、随意被解除劳动合同等打击报复的情况，其合法权益必须得到法律的保护。因此，根据《集体合同规定》，职工协商代表参加集体协商视为提供了正常劳动。职工一方协商代表在其履行协商代表职责期间劳动合同期满的，劳动合同期限自动延长至完成履行协商代表职责之时，除出现下列情形之一的，用人单位不得与其解除劳动合同：（1）严重违反劳动纪律或用人单位依法制定的规章制度的；（2）严重失职、营私舞弊，对用人单位利益造成重大损害的；（3）被依法追究刑事责任的。职工一方协商代表履行协商代表职责期间，用人单位无正当理由不得调整其工作岗位。职工一方协商代表就有关职工协商代表保护的有关规定与用人单位发生争议的，可以向当地劳动争议仲裁委员会申请仲裁。

七、集体合同的变更、解除和终止的条件及程序

集体合同签订后，在实施过程中遇到客观条件的变化还可能引起集

体合同的变更、解除和终止。集体合同的变更、解除和终止应符合法定条件和程序。

（一）集体合同变更、解除和终止的条件

有下列情形之一的，可以变更或解除集体合同或专项集体合同。

1. 用人单位因被兼并、解散、破产等原因，致使集体合同或专项集体合同无法履行的。

2. 因不可抗力等原因致使集体合同或专项集体合同无法履行或部分无法履行的。

3. 集体合同或专项集体合同约定的变更或解除条件出现的。

4. 法律、法规、规章规定的其他情形。

（二）集体合同或专项集体合同变更、解除和终止的程序

1. 一方提出建议，向对方说明需要变更或解除的集体合同的条款和理由。

2. 双方就变更或解除的集体合同条款经协商一致，达成书面协议。

3. 协议书应当提交职工代表大会或全体职工审议通过，并报送集体合同管理机关登记备案，审议未获通过，由双方重新协商。

4. 变更或解除集体合同的协议书，在报送劳动行政部门的同时，企事业单位工会报送上一级工会。

集体合同或专项集体合同期限届满或双方约定的终止条件出现，集体合同即行终止。

集体合同期满前，企事业单位工会应当会同企事业单位行政商定续订下期集体合同事项。

八、集体合同的履行和监督检查

（一）集体合同的履行

合同的履行是指合同依法成立后，当事人双方按照合同约定的各项

内容，全面地完成各自承担的义务，从而使合同的权利义务得到全部实现的整个行为过程。集体合同的履行是集体合同制度实现的基本形式。集体合同一旦生效，就具有法律效力，合同双方必须遵守执行。

集体合同履行必须坚持以下原则。

1. 全面履行的原则

全面履行是指集体合同生效以后，当事人双方要按照集体合同规定的时间、地点、履行方式以及数量、质量的要求，全面履行义务。

2. 实际履行的原则

实际履行是指当事人按照合同约定的义务履行。合同中约定了什么义务就履行什么义务。

3. 协作履行的原则

协作履行是指当事人之间要团结合作、相互支持、紧密配合，完成集体合同所规定的义务。协作履行是实际履行和全面履行的保证。

（二）集体合同的监督检查

集体合同监督检查是签订集体合同的主体双方依照国家有关法律法规，对已经生效的集体合同以检查的形式，督促其全面履行的行为。加强对集体合同的监督检查，有利于及时发现和解决在集体合同履行中出现的问题，有利于建立协调劳动关系的有效机制，预防集体劳动争议的发生，保证职工队伍的稳定，促进企事业生产、经营、改革、管理等各项工作的健康发展。

凡已经签订集体合同的单位，要在各级党组织的领导下，按照精干、高效、熟悉业务的原则，成立本级集体合同监督检查领导小组和集体合同监督检查工作小组（人数可根据企事业实际自行确定），在职工人数较多的单位可设立集体合同监督检查员。集体合同监督检查领导小组，由企事业单位党委、行政、工会领导及有关职能部门负责人组成。集体合同监督检查工作小组由企事业单位党委负责牵头，单位行政和工会各派等额代表组成。成员应包括：单位劳资、财务、技术设备、安全等职能部门代表；集体合同协商代表；职工代表和女职工委员会主任等。

集体合同监督检查工作小组定期或不定期对履行集体合同的情况进行监督检查，发现问题，及时协商解决。

企事业单位工会应当建立集体合同履行情况的群众性监督检查网络，可以以工会小组和车间（分厂、分公司）为单位设立工会劳动法律监督员，在依法对劳动法律、法规的执行情况进行群众监督的同时，对集体合同的履行情况进行监督检查；定期听取工会小组和分工会对集体合同履行情况的报告，定期向职工（代表）大会通报集体合同的履行情况。

九、平等协商与集体合同争议的处理

（一）集体协商争议的处理

集体协商争议，是指在集体协商的过程中，当事人双方就协商中的一些问题不能达成一致意见而发生的争议。

1. 集体协商争议处理的机构

根据《集体合同规定》，集体协商过程中发生争议，双方当事人不能协商解决的，当事人一方或双方可以书面向劳动保障行政部门提出协调处理申请；未提出申请的，劳动保障行政部门认为必要时也可以进行协调处理。劳动保障行政部门应当组织同级工会和企事业组织等三方面的人员，共同协调处理集体协商争议。

2. 集体协商争议处理的管辖

管辖，是指由哪些有权机构负责处理因集体协商所发生的争议。按照《集体合同规定》，集体协商争议处理实行属地管辖，具体管辖范围由省级劳动保障行政部门规定。中央管辖的企业以及跨省、自治区、直辖市用人单位因集体协商发生的争议，由人力资源和社会保障部指定的省级劳动保障行政部门组织同级工会和企事业组织等三方面的人员协调处理，必要时，人力资源和社会保障部也可以组织有关方面协调处理。

3. 集体协商争议处理的期限

协调处理集体协商争议，应当自受理协调处理申请之日起 30 日内结束协调处理工作。期满未结束的，可以适当延长协调期限，但延长期限不得超过 15 日。

4. 集体协商争议处理的程序

（1）受理协调处理申请；

（2）调查了解争议的情况；

（3）研究制定协调处理争议的方案；

（4）对争议进行协调处理；

（5）制作《协调处理协议书》。

（二）因履行集体合同发生争议的处理

因履行集体合同发生争议，是指双方当事人对集体合同是否已经履行或是否已经按约定的方式履行发生争议。

《劳动法》规定，因履行集体合同发生争议，当事人协商解决不成的，可以向劳动争议仲裁委员会申请仲裁；对仲裁裁决不服的，可以自收到仲裁裁决书之日起 15 日内向人民法院提起诉讼。

【思考题】

1. 集体合同有哪些特征？

2. 推行平等协商、集体合同制度的重要意义是什么？

3. 订立集体合同必须遵循哪些原则？

4. 简述平等协商、集体合同的主要内容。

5. 集体协商代表怎样产生？对职工协商代表的保护有什么规定？

6. 如何加强集体合同的监督检查？

【案例1】

金凤区总工会"四项措施"推进集体协商，履约要约"双到位"

2022年4月14日　来源：宁夏新闻网

近日，金凤区协调劳动关系三方审议通过了《金凤区关于开展2022年集体协商"春季要约"行动的通知》，标志着金凤区2022年集体协商"春季要约"行动启动。

自"春季要约"行动启动以来，金凤区总工会采取"四项措施"推进集体协商履约要约"双到位"。一是创新要约形式，推动线上要约。在下发要约文件、企业走访宣传等基础上，还开通过电子邮件、QQ、微信和微信公众号等方式，推动线上要约，并根据疫情防控形势适时启动线上协商。二是发挥指导员队伍作用，开展"精准化"协商。充分发挥集体协商指导员专业化水平，根据企业实际情况，采取"1对1"或"1对N"的方式指导其开展集体协商。三是加强履约监督，开展执法检查。联合金凤区工商联、劳动监察通过查看档案、座谈交流等方式，对辖区用工单位履行工资专项集体合同进行检查，并向辖区用工单位发放2022年集体协商"要约提示函"，要求用工单位将集体协商工作作为构建和谐劳动关系中的重要抓手，以"凝心聚力开新局　共商共创促发展"为主题，开展好2022年集体协商工作。四是协调劳动关系三方聚合力，推进集体协商促和谐。人社部门依法对集体协商工作进行指导、协调、监督、检查，对集体合同和专项集体合同进行合法性审查备案；工会组织指导企业工会广泛征求和收集广大职工的意见建议，根据职工的合理诉求提出协商要约，帮助企业工会开展集体协商；工商业联合会积极引导、支持和帮助企业依法建立健全集体协商和集体合同制度，妥善解决劳动关系问题。

今年，金凤区总工会将深入贯彻落实《工会法》《宁夏回族自治区企业民主管理条例》《宁夏回族自治区企业工资集体协商办法》等法律法规，以协调劳动关系三方为平台，以区域（行业）集体协商为重点，以集体协商指导员队伍为抓手，推动集体协商工作提质增效，保持集体协商建制率在95%以上。（路金川）

【案例2】

安徽天康（集团）股份有限公司
公开促发展，民主聚人心，打造和谐劳动关系新格局

2022年11月1日　来源：《安徽工人日报》

近年来，安徽天康（集团）股份有限公司坚持把职工代表大会制度作为企业民主管理基本形式，广泛开展民主协商，依靠职工办企业，构建和谐劳动关系，实现了企业发展与职工成长的双赢。集团工会先后被评为"全国双爱双评先进企业工会""全国厂务公开民主管理先进单位""全省非公企业示范工会""全国模范职工之家"，集团公司荣获"全国五一劳动奖状"。

坚持"三个到位"，夯实工作基础

坚持思想认识到位。随着企业规模的不断扩大、用工人数不断增多，集团工会利用一切机会做好宣传沟通工作，促使企业管理层认识到：无论企业性质发生怎样的变化，都必须坚持执行党的领导方针不动摇；坚持职工是国家的主人和在企业的主体地位不动摇；坚持企业民主政治建设，维护职工民主权益不动摇；坚持职工意志和劳动得到充分尊重不动摇的要求，逐步建立健全以职工代表大会制度为基本形式的民主管理制度。

坚持组织领导到位。在集团工会的推动下，集团成立了以集团公司党委书记、董事长为组长的厂务公开领导小组，领导小组下设办公室，办公室设在集团工会，形成了党委领导、行政支持、纪委监督、工会组织协调、有关部门齐抓共管的工作格局。集团党政领导班子坚持把厂务

公开作为加强企业民主政治建设、促进企业改革发展稳定的大事来抓，形成了"自上而下公开、自下而上反馈"的工作机制，为深入开展厂务公开民主管理工作提供了有效的组织保证。

坚持制度保障到位。集团党委在工会的协助下，制定了《天康集团职工代表大会制度实施细则》《天康集团厂务公开实施方案》《天康集团厂务公开考核细则》等文件，使厂务公开民主管理运作有了具体的制度依据；集团公司行政部门将厂务公开民主管理工作融入企业各项管理和监督制度中，通过绩效考核和责任追究制度，搭建起了"人人有责任、环环有考核、奖惩有规定"的制度框架，有效保证了厂务公开健康有序发展，促进了民主管理工作的制度化、规范化。

突出"三个围绕"，确保运作规范

围绕职工关心的热点问题进行公开。在用人制度上，集团采用"竞争上岗，双向选择"的用人机制，所有管理岗位、中层干部都通过报名、答辩、考核、民主评议等程序公开招聘；对于人员的招聘、晋级、调资、奖金收入、各类保险的缴纳情况，以及发展党员、评选先进人物和会费收缴情况等及时进行公示。集团利用招投标机制，加强全过程监督，明确规定了招投标适用的范围、组织、流程和纪检部门参与招投标监督等工作。针对新建、扩建、搬迁项目等工作，集团制定了《加强重点工程监督监察的意见》，促进了公司的项目管理公开化、透明化，杜绝暗箱操作。此外对于重点工程项目，每次招标集团公司纪检部门都会派人到现场监督。

围绕落实职工合法权益，集团建立了集团和各子公司两级职代会制度。坚持每年至少召开一次职代会，不仅对财务收支、企业经营计划、技术创新等重大事项进行审议，还就职工吃住、精神文化生活以及工资集体协商进行研究，充分做到"会前有调研、会后有落实"。集团工会对职工代表的提案高度重视，由行政领导作出批示，由相关业务部门整改落实，有力保护和支持了职工参与决策的积极性。同时，既利用公开栏、《世纪天康》内刊、墙报等线下方式，又利用网站、微信公众号以及 OA 系统等线上方式，把企业生产经营情况、工资福利政策和重要制度规定等内容向职工公开。

围绕与现代企业管理接轨进行公开，集团积极探索，创新方式方法。制定了《天康集团厂务公开实施方案》《职工代表大会管理规定》，明确了厂务公开的形式、原则、内容、监督等内容；职工代表的产生、权利；职代会的程序、决议和集体合同等内容。制定了《天康集团厂务公开考核模板》，对厂务公开的指导思想、组织领导、总体要求、主要内容以及考评体系等进行细化规定，并将厂务公开民主管理纳入公司的标准化管理，每年接受公司 ISO9000 标准体系的审查，从而保证了厂务公开工作的规范化管理和工作质量的提高。

着眼"三个聚焦"，巩固工作实效

聚焦人才队伍培养，激发职工创新活力。集团工会推行"我为企业献一策"和"职工提案积分制"活动，请职工为集团建言献策。广大职工结合各自岗位特点，群策群力，提出合理化建议 300 多条，其中 48 条建议被采纳，内容涉及集团日常管理、技术创新、营销管理、安全生产、后勤保障、文化宣传、提高产品质量和标准、公司福利等多个方面，人人争做集团公司发展的"有心人"，人人为集团公司的发展出"金点子"。集团工会重视人才的培养，先后涌现出全国劳动模范 1 名、省劳动模范 2 名、省五一劳动奖章获得者 3 名、市劳动模范 3 名；省级技能大师 2 名、市工匠 3 名、市技术能手 5 名；全国优秀工会工作者 1 名、省总工会优秀领导干部 1 名、省优秀工会工作者 2 名、市优秀工会工作者 2 名。

聚焦职工权益维护，真抓实干服务职工。集团工会将工资、安全、福利、休息休假、女职工特殊保护等广大职工关心的问题纳入集体协商内容，经职代会审议通过《集体合同》《工资专项集体合同》《女职工劳动权益保护专项合同》《安全卫生保护专项集体合同》等文件制度，集团工会方与集团行政方现场签订。这些合同的签订，既维护职工合法权益，也减少企业劳动力管理成本。集团工会每年组织职工体检，开展职工疗休养活动，为全体职工购买意外伤害互助保障，通过积极的民主参与政策，构建了和谐的劳动关系。

聚焦工作创新，助推企业跨越式发展。集团工会积极发挥劳动模范、先进人物的先锋模范作用，带动同事在岗位上建功立业；同时利用劳模创新工作室，破解创新发展难题，在技术攻关、降本增效、人才队伍建设上发力，推动企业高质量发展。

民主管理成了企业发展的助推器。近年来，集团不断深化厂务公开民主管理的内容、创新形式，提升规范化水平，使各级党政领导依靠职工办企业的意识不断增强，广大职工的主人翁意识不断提高，着力打造职工和企业的"命运共同体"，有力促进了天康集团持续健康和谐发展。

第九章　区域性、行业性职工代表大会

一、区域性、行业性职工代表大会制度

小型非公有制企业、个体经济组织集中的区域，可以建立联合职工代表大会制度或者行业性职工代表大会制度。区域性、行业性职工代表大会是指在同一区域（乡镇、街道、村、社区、开发区、科技园区、工业园区等），或者同一行业以及性质相近的几个行业内规模较小、职工人数较少的企业，建立联合职工代表大会，协商解决带有共性的问题，维护职工合法权益的民主管理制度。它是区域、行业内企业实行民主管理的基本形式，是协调区域、行业内企事业劳动关系以及厂务公开、事务公开的主要载体，是职工行使民主管理权力的机构。《中国工运事业和工会工作"十四五"发展规划》提出：深化创新区域（行业）职工代表大会制度，强化分类指导，积极扩大民主管理工作对中小微企业的有效覆盖。

二、提高对推行区域性、行业性职工代表大会制度的认识

职工代表大会作为一项比较成熟的、得到系统的法律保障的职工民主管理制度，具有普遍的适用性。建立区域性、行业性职工代表大会制度，有助于贯彻落实新发展理念和党的全心全意依靠工人阶级指导方针；有助于推动非公企事业单位实行以人为本的管理，增强职工的参与意识，保护和激发职工的积极性和创造性，建立和谐稳定的劳动关系；有助于完善现代企事业制度，发展职工文化，提升竞争力，促进企事业

高质量发展；有助于促进基层民主政治建设，保障和引导职工有序地行使民主管理权利，发展社会主义民主政治；有助于维护职工群众的经济、政治、文化、社会、生态文明权益，不断提高职工物质文化生活水平，满足职工群众日益增长的美好生活需要；有助于促进社会主义物质文明、政治文明、精神文明、生态文明协调发展，建设社会主义和谐社会。

三、区域性、行业性职工代表大会的任务

职工代表大会是职工民主管理的基本形式，是职工行使民主管理权力的机构。建立区域性、行业性职工代表大会制度的主要任务如下。

（一）依法协调劳动关系

劳动关系是基本的社会关系，依法协调劳动关系，确保劳动关系的和谐稳定，是构建和谐社会的基本保障。通过建立区域性、行业性职工代表大会制度，解决了签订区域性、行业性集体合同问题，也为职工与企事业单位有效沟通搭建了平台，畅通劳资沟通渠道，有利于职工以规范有序、理性合法的方式表达利益诉求，协调区域、行业内部劳动关系，解决利益矛盾，构建和谐稳定劳动关系。

（二）维护职工合法权益

当前，我国职工群众的各项权益得到进一步实现和保障，职工队伍思想状况呈积极向上的态势，劳动关系基本和谐稳定。但是，在一些地区、行业和企事业单位，特别是在一些中小企业，影响职工合法权益实现、影响劳动关系健康发展的问题还不同程度地存在，有的甚至还很突出。为此，必须建立健全有效机制，加大维权力度，提高维权实效，切实保证职工权益不受侵犯。区域性、行业性职工代表大会制度就是维护职工合法权益的有效机制，涉及本区域、本行业职工合法权益问题，可以提交职工代表大会审议、讨论、通过，有效地防止侵犯职工合法权益问题的发生。

(三) 促进企事业高质量发展

建立健全区域性、行业性职工代表大会，有利于推动区域、行业内企事业树立以人为本的先进经营管理理念，实行人本管理，调动职工群众的积极性、主动性、创造性，发挥职工群众的聪明才智，推动区域、行业的和谐、稳定发展，实现企事业单位、职工利益的"双赢"。

(四) 推动区域、行业民主政治建设

代表和组织职工参与国家管理、参与经济和文化事业管理、参与社会事务管理、参与企业、事业单位和机关的民主管理，是工会推进民主政治建设的重要任务。要适应民主法治建设的发展和职工民主意识的增强，以发展和完善基层民主制度为方向，建立健全区域性、行业性职工代表大会制度，有利于丰富职工民主参与形式，畅通职工民主参与渠道，扩大职工有序政治参与，保障职工民主政治权利，为推进民主政治建设作出应有的贡献。

四、建立区域性、行业性职工代表大会制度的原则

推行区域性、行业性职工代表大会制度，要坚持以下原则。

一是坚持党的领导。各级工会在推行区域性、行业性职工代表大会制度中，要在区域、行业党组织的领导下进行，认真贯彻落实党和国家的有关方针政策。

二是坚持实事求是。要根据所在地区经济社会发展和不同行业中小企业、事业的实际情况，因区域、行业、企事业制宜，加强区域性、行业性职工代表大会制度建设，充分发挥区域性、行业性职工代表大会作用。

三是坚持借鉴创新。根据区域性、行业性职工代表大会所覆盖企事业的性质和特点，认真借鉴企业职工代表大会制度的经验，从制度内容、形式、方法等方面进行创新，并在实践中不断完善。

四是坚持协调合作。区域、行业工会组织与相关部门、区域、行业

内企事业职工和经营管理者应依照法律法规和有关政策加强协调、密切合作、相互配合，共同推进区域（行业）职工代表大会制度建设。

五、区域性、行业性职工代表大会职权

要通过建立和完善区域性、行业性职工代表大会，组织职工参与企事业管理，行使民主管理权利，推进政务公开、厂务公开；促进区域（行业）内企事业经营管理者与职工进行有效沟通协调，推动平等协商、集体合同制度的建立与实施，维护职工民主政治权利、劳动经济利益、精神文化权益，构建和谐稳定的劳动关系，促进企事业改革发展和所在地区经济社会协调发展。

区域性、行业性职工代表大会的主要职权包括：

（一）听取区域、行业执行国家有关劳动法规政策情况报告，区域、行业劳动关系状况报告，并提出意见和建议；

（二）讨论区域、行业内企事业有关劳动报酬、工作时间、休息休假、劳动安全卫生、保险福利、职工培训、劳动纪律以及劳动定额管理等直接涉及职工切身利益的重大问题，提出意见和建议；

（三）讨论通过区域性、行业性集体合同草案和专项集体合同草案；

（四）审议监督区域、行业内企事业执行劳动法律法规和区域、行业职工代表大会决定事项情况，签订和履行劳动合同、集体合同情况，缴纳社会保险费情况，实行厂务公开情况等；

（五）审议决定区域性、行业性职工代表大会的其他事项。

六、职工代表

（一）职工代表的产生

1. 职工代表的条件

享有政治权利并与企事业单位建立劳动关系的职工和成员企事业单

位经营管理者，均可当选为职工代表。区域、行业党组织、行政和工会负责人可以当选为职工代表。

2. 职工代表的选举

职工代表的选举以各企事业为单位，按照区域、行业工会分配的名额，由成员企事业单位工会组织职工无记名投票，推荐候选人，报上一级职工代表大会职工代表资格审查委员会（小组）或区域、行业性职工代表大会筹备工作小组审核确定。各成员单位至少应有 1 名职工代表。

3. 职工代表的人数

职工代表的人数由区域（行业）工会根据区域（行业）规模、职工人数多少提出，与区域（行业）党组织和成员企事业单位协商确定，一般为职工总数的 5%~20%，但不得少于 30 人。

4. 职工代表的构成及比例

职工代表中应当有工人、技术人员、管理人员、领导干部和其他方面的职工。职工代表中，直接从事生产经营的一线职工一般不少于50%，企事业经营管理人员一般不超过 20%，女职工、青年职工、农民工代表应占适当比例。

5. 职工代表的任期

职工代表实行常任制和替补制，任期 3 年或者 5 年，可以连选连任。如职工代表与用人单位解除劳动关系，代表资格自行终止，缺额由所在单位按职工代表产生的程序民主补选产生。

6. 职工代表对选举单位的职工负责

职工代表应当对选举单位的职工负责，选举单位的职工有权监督或者撤换本单位的职工代表。

（二）职工代表的权利和义务

1. 职工代表的权利

根据有关规定，职工代表应享有的权利包括：有权参加职工代表大会及其工作机构组织的民主管理活动；对企事业经营状况有知情权；在职工代表大会上有选举权、被选举权和表决权；有权对企事业主要负责人提出口头或者书面质询；有权对侵犯职工代表民主权利的行为提出申诉；因参加职工代表大会组织的各项活动而占用的生产或工作时间，按照正常的出勤享受应有的待遇；职工代表依法行使职权时，任何组织和个人不得进行压制、阻挠和打击报复。

2. 职工代表的义务

职工代表应履行的义务主要是：努力学习党和国家的方针、政策、法律、法规，不断提高政治觉悟、技术业务水平和参加企事业民主管理的能力；密切联系本单位职工，如实向企事业反映职工的意见和要求，认真执行职工代表大会决议、决定，切实维护职工合法权益；模范遵守国家的法律、法规和企事业的规章制度、劳动纪律，做好本职工作；保守企事业单位的商业秘密。

七、区域性、行业性职工代表大会的筹备工作和主要议程

（一）成立筹备工作小组

筹备工作小组由所在区域（行业）党组织、行政和工会负责人组成，负责职工代表大会的筹备工作。

（二）做好会议有关材料的准备工作

筹备工作小组应在深入调查研究的基础上负责起草职工代表大会的筹备方案和职工代表大会的实施细则。职工代表大会的筹备方案主要包括会议指导思想、中心议题、职工代表选举、提案征集、会期、日程安排以及其他事项。经同级党组织审查同意后，报上一级工会组织。上一级工会组织对筹备方案内容提出同意或修改意见，必要时应直接深入到区域（行业）内各企事业单位帮助协调和指导。职工代表大会实施细则经区域（行业）性职工代表大会审议通过后实施。

（三）做好会前宣传发动工作

筹备工作小组在召开职工代表大会前要做好宣传发动工作，通过各种途径和形式，向经营管理者和广大职工群众宣传职工代表大会的重要意义、性质、职权和作用，为会议顺利召开营造良好的氛围。

（四）选举职工代表

区域（行业）工会组织要依据有关规定做好职工代表的民主选举工作，职工代表经代表资格审查委员会（小组）或筹备工作小组确认后，要向本区域（行业）内各企事业单位和广大职工进行公示。职工代表产生后要做好会前培训工作。

（五）开好预备会议

预备会议要通报职工代表资格审查情况，确认职工代表；通过职工代表大会的议题和议程；将需经职工代表大会审议、通过的有关文件草案发给职工代表，广泛征求意见；选举大会主席团。

（六）开好正式会议

正式会议要严格按照确定的议程和民主程序进行，认真审议各项议案，依法正确行使职工代表大会各项职权，在充分发扬民主的基础上形成大会决议。正式会议可邀请本区域（行业）部分投资者、经营者作为列席代表参加会议。

（七）职工代表大会正式会议的主要议程

区域性、行业性职工代表大会正式会议的主要议程包括：听取本区域（行业）内企事业发展总体规划、生产经营状况的专题报告，区域性、行业性职工代表大会决议落实情况、提案处理情况以及集体合同、工资专项集体合同等执行情况的报告；选举参加平等协商、签订集体合同、工资集体协商谈判的职工代表和民主管理专门委员会（小组）成员，对有关方案、大会决议、决定进行表决。对涉及职工切身利益的有关决议、决定，由区域、行业工会主席与企事业方的代表共同签字后生效。

八、区域性、行业性职工代表大会的组织制度

(一) 区域性、行业性职工代表大会任期与召开时间

区域性、行业性职工代表大会每届任期 3 年或者 5 年。每年至少召开 1 次会议，遇有特殊情况，经 1/3 以上的成员企事业、区域（行业）工会或 1/3 以上的职工代表提议，可召开临时会议。

(二) 区域性、行业性职工代表大会的选举和表决

召开区域性、行业性职工代表大会必须有 2/3 以上的职工代表出席。区域（行业）性职工代表大会进行选举和表决时，实行少数服从多数的原则，以无记名投票方式经全体职工代表过半数通过。

职工代表大会在其职权范围内决定的事项，非经职工代表大会同意不得修改。如需修改，必须提请职工代表大会按程序审议表决。凡经职工代表大会形成的决议，要向全体职工公布。

(三) 区域性、行业性职工代表大会主席团

区域性、行业性职工代表大会选举主席团主持会议。主席团成员应有一线职工、企事业经营管理者和区域（行业）党、政、工负责人。其中，一线职工应超过半数。主席团成员应是正式职工代表。

(四) 区域性、行业性职工代表大会召开前的基本要求

区域性、行业性职工代表大会召开前 7 天，应将会议议题和筹备情况等以书面形式向上级工会报告，上级工会应进行帮助和指导；同时，将会议有关内容向职工代表通报。职工代表应及时听取和收集职工群众的意见和建议。

(五) 区域性、行业性职工代表大会专门委员会（小组）

区域性、行业性职工代表大会可根据需要设立集体协商谈判、劳动争议调解、劳动安全卫生保护、提案征集督办、职工代表巡视检查等专

门委员会（小组），完成职工代表大会交办的有关事项。

职工代表大会专门委员会（小组）每季度至少活动 1 次。专门委员会（小组）进行活动需要占用生产或者工作时间，应与企业行政协商，并按照正常出勤享受应得的待遇。

各专门委员会（小组）的人选，一般在职工代表中提名，也可以聘请非职工代表，但必须经职工代表大会通过。

各专门委员会（小组）对职工代表大会负责，向职工代表大会报告工作。

（六）区域性、行业性职工代表大会各专门委员会（小组）负责人及有关方面人员联席会议制度

职工代表大会闭会期间，需要临时解决的问题，由区域性、行业性工会召集各专门委员会（小组）负责人、职工代表团（组）长及有关方面人员联席会议协商处理。协商处理结果要报下次职工代表大会确认。

九、区域性、行业性职工代表大会的工作机构和工作职责

（一）区域性、行业性职工代表大会的工作机构

区域性、行业性工会组织是区域性、行业性职工代表大会的工作机构，是区域性、行业性职工代表大会的组织者。

（二）区域性、行业性职工代表大会的工作机构的工作职责

区域性、行业性工会组织负责区域性、行业性职工代表大会以下工作：

1. 组织职工选举职工代表；

2. 征集职工代表的提案，提出职工代表大会议题的建议；

3. 负责区域（行业）职工代表大会的筹备工作和组织工作，提出大会的议程和日程建议；

4. 提出区域（行业）职工代表大会主席团、专门委员会（小组）的设立方案和组成人员建议名单；

5. 在区域（行业）职工代表大会闭会期间，负责组织职工代表开展巡视、检查、质询等活动，监督区域（行业）职工代表大会决议的执行情况；

6. 对职工代表进行劳动法律法规和民主管理方面知识的宣传教育，组织职工代表开展学习和培训，提高职工代表素质；

7. 接受和处理职工代表的申诉和建议，维护职工代表的合法权益；

8. 建立健全职工代表大会和区域性、行业性民主管理工作档案；

9. 向上级工会报告有关工作情况。

十、加强领导，大力推动区域性、行业性职工代表大会制度建设

推行区域（行业）性职工代表大会制度，工作涉及面宽、政策性强。各级工会要在同级党委领导下，加强与政府及有关部门的联系，加强与行业协会、商会等企事业代表组织的协商沟通及合作，整合各方面资源，积极主动推进建立区域（行业）职工代表大会制度。

尚未建立区域（行业）职工代表大会制度的地方，上级工会要在具备条件的区域或行业进行试点，认真总结实践经验，发挥典型的示范作用，用实际工作成效赢得广大职工群众的认可，争取政府及有关部门的大力支持。

各级工会要切实加强对推行区域性、行业性职工代表大会制度工作的领导，把这项工作摆上重要议事日程，作为强化工会维权机制、做好基层工会工作的重要载体和抓手，坚持和加强党的全面领导，积极争取党委和有关部门支持，充分依靠党政的力量，把推行区域性、行业性职工代表大会与基层党的建设、职工队伍建设结合起来，与企事业树立以人为本的先进经营管理理念、创建良好的企业文化、职工文化结合起

来，运用多种途径，借助各方力量，大力推进这项工作，力争全面建立区域性、行业性职工代表大会制度。

推行区域性、行业性职工代表大会制度，要根据各地的实际情况，创新工作机制。各级工会要加强指导、循序渐进、逐步深化，建立适合各地、各行业的组织形式和具体办法，使职工民主管理制度不断丰富和完善。各地区要积极推行区域性职工代表大会制度；有开展行业性工资协商谈判的行业，要召开行业性职工代表大会；村（社区）可与工会会员代表会议结合召开。召开区域性、行业性职工代表大会，既要考虑各地、各行业的实际情况，又要考虑职工代表大会的规模和代表性问题，不能因为覆盖面过大而影响职工代表大会的实际效力。要坚持凡是能够调动职工积极性、有利于提高效益促进发展，凡是能够促进劳动关系和谐稳定的，凡是有利于履行工会职能和提高职工创造力和积极性的，都可以积极地试，大胆地闯，推动区域性、行业性职工代表大会不断发展和完善。

要加大对区域性、行业性职工代表大会制度的宣传力度，努力扩大社会影响，营造良好的社会氛围。要加大对工会干部和职工代表的培训力度，提高他们组织开展民主管理的能力。

【思考题】

1. 区域性、行业性职工代表大会的任务有哪些？

2. 区域性、行业性职工代表大会的职权有哪些？

3. 如何做好区域性、行业性职工代表大会的筹备工作？

4. 区域性、行业性职工代表大会的组织制度有哪些？

5. 如何推动区域性、行业性职工代表大会制度建设？

【案例1】

江苏无锡市总工会填补规则空白，推动职代会制度覆盖更多中小企业 区域（行业）职代会有了专属操作规范

2020 年 4 月 20 日　来源：《工人日报》

日前，江苏省无锡市总工会发布《无锡市区域（行业）职工代表大会操作办法（试行）》，对该市县级以下一定区域或性质相近的行业内的中小企事业单位召开职工（代表）大会操作流程进行规范。该办法将于 5 月 1 日起施行。

据介绍，区域（行业）职代会建设在无锡已有多年探索实践，这一民主形式对促进区域（行业）劳动关系的协调稳定、和谐发展具有积极意义。但当前区域（行业）职代会的召开没有明确规范，一般参考企业职代会的相关规定进行，其具体操作不能完全适用于区域（行业）职代会。为填补这一空白，无锡市总制订了这个办法。

办法规定，区域（行业）职代会每年应至少召开 1 次，在职权上重点解决区域性行业性的共性问题。例如，审议通过区域（行业）集体合同草案和专项集体合同草案；讨论区域（行业）内劳动报酬标准、劳动定额、休息休假等直接涉及职工切身利益事项；监督区域（行业）内企事业单位签订劳动合同、缴纳社会保险费和实行厂务公开的情况等。

在表决方式上，明确无记名投票的表决原则。规定由于特殊原因无法召集职工代表集中开会的，除需要无记名投票事项以外，区域（行业）职代会可通过视频会议等方式进行。

同时，该办法对区域（行业）职代会决议的效力也进行明确，强调区域（行业）职代会审议通过的事项对其覆盖范围内的企事业单位及全体职工具有约束力，企事业单位可制订具体的实施细则，但不能与决议相抵触。

办法还把职代会会议和闭会期间发现的企事业单位违反劳动法律法规的行为列入工会劳动法律监督内容。规定对区域（行业）范围内企事业单位违反劳动法律法规的行为，工会可以发出《工会劳动法律监督意见书》，要求企事业单位改正。对于企事业单位拒不改正的，市（县）区总工会可以向有关部门发送《工会劳动法律监督建议书》，要求相关部门依法处置。

此外，办法参照此前无锡探索施行企业职代会"五项制度"的做法，明确可建立职代会的审议制度、评议制度、提案制度、监督建议制度和闭会履职制度，以推进区域（行业）企事业单位的日常民主管理工作，尤其对职代会闭会期间作用的发挥进行制度设计，让工作流程更加规范，职工民主权利实现更加充分。

有关人士认为，办法将为基层工会组织筹办区域（行业）职代会提供有效指引和帮助，让以职代会为基本形式的企业民主管理制度覆盖更多中小企业。（记者　王伟　通讯员　曹琪）

【案例2】

洪江区试点推进区域性职代会制度

2022 年 12 月 21 日　来源：湖南日报·新湖南客户端

12 月 20 日，洪江高新技术产业开发区召开首届区域性职工代表大会，涉及园区小微工业企业 11 家，会议代表由一线职工、企业管理者和工会干部等 37 名同志组成，洪江区总工会、洪江高新区负责人到会进行指导。这是洪江区有效推进区域职代会制度建设、加强基层民主管理的生动实践。

会上审议通过了《关于企业缴纳职工社会保险、加强职业病防治的决议》，开展了区域企业工资集体协商，签订了集体合同。会议决定成立区域职代会专门委员会，负责办理区域职代会交办的事项。明确洪江高新区工会联合会作为区域职代会的工作机构，负责地做好区域职代会的日常工作，监督区域职代会决议的执行情况。

据悉，洪江高新区区域职代会将对区域内企业有关劳动报酬、工作时间、休息休假、劳动安全卫生、保险福利、职工培训、劳动纪律以及劳动定额管理等直接涉及职工切身利益的重大问题，提出意见和建议，进一步统一规范，切实维护职工的合法权益。（刘文颖　王素国）

第十章　企业集团与非公有制企业民主管理

一、企业集团职工代表大会制度

(一) 企业集团概述

1. 企业集团

根据《企业集团登记管理暂行规定》，企业集团是指以资本为主要联结纽带的母子公司为主体，以集团章程为共同行为规范的母公司、子公司、参股公司及其他成员企业或机构共同组成的具有一定规模的企业法人联合体。企业集团不具有企业法人资格。

企业集团在结构形式上，表现为以大企业为核心、诸多企业为外围、多层次的组织结构；在联合的纽带上，表现为以经济技术或经营联系为基础、实行资产联合的高级的、深层的、相对稳定的企业联合组织；在联合体内部的管理体制上，表现为企业集团中各成员企业，既保持相对独立的地位，又实行统一领导和分层管理的制度，建立了集权与分权相结合的领导体制；在联合体的规模和经营方式上，表现为规模巨大、实力雄厚，是跨部门、跨地区，甚至跨国度多角化经营的企业联合体。

2. 企业集团与集团公司的区别

集团公司是为了一定的目的组织起来共同行动的团体公司，是指以资源为主要联结纽带，以母子公司为主体，以集团章程为共同行为规范的，由母公司、子公司、参股公司及其他成员共同组成的企业法人联合体。一般意义上的集团公司，是指拥有众多生产、经营机构的大型公司。它一般都经营着规模庞大的资产，管辖着众多的生产经营单位，并且在许多其他企业中拥有自己的权益。

企业集团和集团公司的区别主要如下。

（1）法律地位不同。企业集团是许多法人组成的联合体，这种联合体将来很可能受合伙企业法调整。而集团公司是法人企业，规范的集团公司及母子公司关系应该受公司法调整。

（2）内涵不同。企业集团包含集团公司，但并非所有集团公司都要成立企业集团。企业集团有两种基本类型，其中从属联合企业集团中的母公司是集团公司，而在协作型联合企业集团中，不存在以谁为核心企业的问题，所有企业是平等关系，在集团的统一管理下活动。在后一种企业集团中，集团成员企业可能都是控股公司，都有自己的若干子公司，这种集团往往是强强联合。

（3）注册方式不同。集团公司既可以以自己为核心组成从属型联合企业集团或与其他公司一起组成协作型联合企业集团，也可以仅在母子公司范围内形成公司集团。组成企业集团须批准和登记。但集团公司本身只是履行公司法人登记手续。

（4）组织机构不同。企业集团的组织机构由集团章程（集团成员协商一致）决定，而集团公司的组织机构必须在符合公司法规定的条件下由公司章程决定（需经股东会讨论通过）。

（5）管理的原则和依据不同。企业集团实行统一管理的原则是经成员企业讨论通过的章程决定的。集团公司是独立公司法人，它自身的经营与运作要符合公司法和其他有关法律的规定；集团公司如果是集团成员，必须履行集团章程规定的权利和义务；集团公司作为从属型联合企业集团中的支配公司，又要承担起集团管理的重任。集团公司与集团利益的协调，与成员企业相互权利义务关系是集团立法和集团协议（章程）要解决的重要问题。

（6）责任和财务制度不同。企业集团并不是独立的纳税主体，但要编制合并会计报表。集团的法律后果由集团成员企业负连带责任（集团章程另有约定的除外）。集团公司与其他成员企业一样，独立开展经营活动，是独立的纳税主体。它对其他成员企业除另有约定外，不承担债务责任。

（二）企业集团职工代表大会概述

1. 企业集团职代会

企业集团职代会是指企业集团总部和所属基层单位按照一定比例选举产生职工代表，对涉及企业集团改革发展和职工权益有关事项履行民主程序、行使相应职权的职代会。企业集团职代会是企业集团职工行使民主管理权力的机构，是企业集团民主管理的基本形式。

2. 推行企业集团职代会制度的重要意义

（1）推行企业集团职代会制度是新形势下健全充满活力的基层群众自治制度的必然要求。党的二十大报告强调，"全心全意依靠工人阶级，健全以职工代表大会为基本形式的企事业单位民主管理制度，维护职工合法权益"。当前，我国企业规模日益壮大，企业产权结构、管控模式、管理层级发生了深刻变化，出现了许多大型企业集团，这对推进企业民主管理提出了新要求。推行企业集团职代会制度，有利于完善企业集团职工参与管理的有效方式，保证职工在整个企业集团层面参与管理，把制度优势转化为企业集团职工参与经济社会事务管理的实际效能，使职工的知情权、参与权、表达权、监督权落到实处。

（2）推行企业集团职代会制度是加快完善中国特色现代企业制度的内在需要。职代会制度是中国特色现代企业制度的题中应有之义，是公司法人治理结构的主体之一。随着国企改革的深入实施，混合所有制改革积极稳妥推进，将进一步推动形成更加成熟更加定型的中国特色现代企业制度。推行企业集团职代会制度，有利于更好地将民主管理制度与企业管理制度相衔接，与企业管控模式相匹配，与公司法人治理结构相融合，促进企业集团决策更加科学民主，推动企业管理与改革创新良性互动，实现企业高质量发展。

（3）推行企业集团职代会制度是企业集团构建和谐劳动关系的有效途径。我国正在加快构建以国内大循环为主体、国内国际双循环相互促进的新发展格局，企业劳动关系和谐稳定是构建新发展格局的重要基础。受新冠疫情的冲击，众多企业生产经营困难增多、职工权益保障面临诸多新情况新问题。企业集团用工方式多元，职工人数众多，劳动关系更为复杂，受到的影响更大。推行企业集团职代会制度能够有效规范企业集团及所属基层单位劳动关系，为企业集团制定涉及全体职工切身利益的重大事项和重要制度提供程序保障，为所属基层单位民主管理制度的运行提供指导遵循，及时回应和解决职工利益诉求，化解劳动关系双方的矛盾，促进经济社会平稳发展。

（4）推行企业集团职代会有利于推动企业集团高质量发展。党的二十大报告指出："深化国资国企改革，加快国有经济布局优化和结构调整，推动国有资本和国有企业做强做优做大，提升企业核心竞争力。"企业集团对于打破"条块分割"的旧体制，合理调整产业组织机构，实现规模经济，提高市场竞争力有着重要作用。通过推行企业集团职代会制度，职工群众对涉及企业集团改革发展和职工权益有关事项行使民主管理的权力，可以集中职工群众的智慧，调动职工群众的积极性、主动性、创造性，群策群力促进企业集团高质量发展。

3. 推行企业集团职代会制度的基本原则

根据《中华全国总工会关于推行企业集团职工代表大会制度的意见》，推行企业集团职代会制度应遵守的基本原则包括如下。

坚持加强党的领导。要坚持以习近平新时代中国特色社会主义思想为指导，认真贯彻落实党的基本理论、基本路线、基本方略，坚持党委统一领导，坚持重大问题事前请示，坚持全心全意依靠职工办企业，在党组织的统筹协调下推进企业集团和所属基层单位职代会制度建设，确保集团职代会制度建设沿着正确的方向发展。

坚持依法有序推进。要依照相关法律法规，推动对所属基层单位在重大决策、经营管理、干部任免、薪酬福利、人力资源等方面拥有管控权限的企业集团建立职代会制度，保证职工通过企业集团和所属基层单位等多层级职代会行使民主管理权力。不能以企业集团总部职代会替代集团职代会。在此基础上积极推进制度化规范化建设，使集团职代会制度更加健全、运行程序更加规范、作用发挥更加有效。

坚持融入公司治理。要推动企业集团在制定公司章程时，落实职代会在公司治理结构中的地位，明确其主体权责，并与其他公司治理主体有效衔接。要以集团职代会为牵引，建立与企业管控模式相适应、上下配套、层次清晰、各司其职、独立运行的企业集团内部多层级职代会制度体系，把职工民主管理制度融入企业生产经营管理活动之中，推动加快完善中国特色现代企业制度。

坚持协同联动推进。集团职代会的内容要更加侧重涉及企业集团改革发展的全局性、根本性、指导性的重大事项，以及涉及职工切身利益带有普遍性、倾向性的重大问题。所属基层单位要在遵循集团职代会基本原则基础上，从本单位实际出发，细化和完善本单位职代会制度。要准确把握和处理上下级职代会之间的关系，充分发挥企业集团内各层级职代会的职能作用。

(三) 推行企业集团职代会制度的工作要求

根据《中华全国总工会关于推行企业集团职工代表大会制度的意见》，推行企业集团职代会制度的工作要求主要如下。

1. 企业集团职代会职工代表构成比例和产生方式

企业集团职代会职工代表的名额数量应以企业集团职工人数为基数，依据《企业民主管理规定》第8条有关规定确定。其中，集团中层以上管理人员和领导人员，原则上不超过职工代表总数的20%，所属单位多、分布广的集团中层以上管理人员和领导人员一般不超过代表总数的35%。职工代表中应有适当比例的劳模先进、高技能领军人才、女职工、青年职工、农民工的代表。

参加集团职代会的职工代表可以在企业集团总部和各所属基层单位职代会的职工代表中选举产生，也可以在企业集团全体职工中直接选举产生。

2. 企业集团职代会的届期和会议召开

企业集团职代会每届届期为 3 年至 5 年，具体届期由职代会根据实际情况确定，每年应至少召开 1 次。在条件允许的情况下，要合理规划职代会会期、内容，与董事会、年度工作会议等有机衔接。职工人数众多、地域分布广的企业，在集团职代会召开形式上可探索线上和线下相结合的方式，但在涉及重要事项表决时，应集中现场开会，以保障职工真实意愿的表达。

3. 企业集团职代会闭会期间的工作制度

企业集团工会是集团职代会的工作机构，负责集团职代会的日常工作。闭会期间，遇有确需经集团职代会审议或审议通过的重大事项，按规定召开临时集团职代会；有需要临时解决涉及职工切身利益的重要问题可由企业集团工会组织召集职工代表团（组）长和专门委员会（小组）负责人联席会议协商处理。联席会议必须有各代表团（组）长参加；协商讨论解决属于集团职代会职权范围内的事项必须由集团职代会授权，并提请下一次集团职代会确认；企业集团改革改制方案必须经集团职代会审议，国有及其控股企业集团职工安置方案必须经集团职代会审议通过，不可由联席会议替代集团职代会行使职权。

（四）企业集团职代会的职权

要根据国家相关法律法规，从企业集团决策管理权限出发，围绕企业集团发展规划、经营决策、重要规章制度、涉及职工切身利益的重大问题，确定集团职代会的各项职权内容。根据《中华全国总工会关于推行企业集团职工代表大会制度的意见》，企业集团职代会的职权主要包括如下。

1. 审议建议权

企业集团职代会应听取企业集团工作报告，审议企业集团经营方针、中长期发展规划、年度计划、财务预决算、安全生产等重要事项的报告；审议企业集团改制方案和重大改革措施；审议企业集团员工持股方案；审议企业集团制定、修改或者决定的有关劳动报酬、工作时间、休息休假、劳动安全卫生、保险福利、职工培训、劳动纪律以及劳动定额管理等直接涉及职工切身利益的规章制度或者重大事项方案，提出意见和建议。

2. 审议通过权

企业集团职代会应审议企业集团民主管理制度实施办法；审议企业集团集体合同草案、专项合同草案、企业年金方案、住房制度改革方案；审议职工奖惩办法、劳动模范推荐人选等重大事项。在审议的基础上，进行投票表决，形成通过或不通过的决议。国有及其控股企业集团产权转让、合并、分立、改制、解散、破产实施方案中职工的裁减、分流和安置方案也应当经集团职代会审议通过。

3. 监督评议权

企业集团职代会应监督企业集团及所属基层单位建立和健全完善职代会和厂务公开等民主管理制度情况；监督企业集团职代会决议贯彻执行情况和提案落实情况；审查监督企业集团及所属基层单位执行劳动法律法规和劳动规章制度的情况；审查监督企业集团及所属基层单位履行集体合同的情况；民主评议集团职工董事、职工监事。国有及其控股企业集团应当通过集团职代会民主评议集团领导人员。

4. 民主选举权

企业集团职代会应依法选举或罢免企业集团职工董事、职工监事；选举集团职代会专门委员会（小组）成员；选举依法进入破产程序企业集团的债权人会议和债权人委员会中的职工代表；选举法律法规规定或者企业集团党委、行政与工会协商确定应当由集团职代会选举产生的其他人员。

5. 法律法规赋予职代会的其他权利

在推进企业集团改革改制过程中，特别是在国有企业集团推进混合所有制改革过程中，要重点规范改革调整重大事项的集团职代会审议建议程序。涉及企业集团改革调整的重大事项，应当通过集团职代会履行审议建议权的民主程序，提出意见建议。所属基层单位在此基础上细化方案，提交本级职代会审议并履行相应的民主程序。要重点规范涉及企业集团职工切身利益重要事项的集团职代会审议通过程序。涉及企业集团职工安置等职工切身利益的重要事项，应当通过集团职代会严格履行审议通过权的民主程序，根据所属基层单位实际，提出统一要求与分类指导相结合的原则，表决通过后实施。所属基层单位按照集团职代会决议细化方案，提交本级职代会审议通过后实施。

二、非公有制企业民主管理

（一）非公有制企业概述

1. 非公有制企业

非公有制企业是非公有制经济的主要市场主体，是非公有制经济组织的主要组成部分，是指归我国内地公民私人所有或归外商、港澳台商所有的经济成分占主导或相对主导地位的企业。占主导地位，是指外商、港澳台商独资或占股份50%以上，处于绝对控股状态。占相对主导地位，是指其所占股份虽不足50%，但其股份所占比例最大，相对于其他股东对企业起到控股作用。按企业注册类型划分，非公有制企业包括：私营企业；港澳台商投资企业；外商投资企业；非公经济成分占主导或相对主导地位的股份合作企业、其他联营企业、有限责任公司、股份有限公司和其他企业。但不包括个体工商户。非公有制企业是发展社会主义市场经济的重要力量，是推动高质量发展、全面建成社会主义现代化强国的重要主体，也是我们党长期执政、团结带领全国人民实现中华民族伟大复兴中国梦的重要力量。改革开放 40 多年来，我国非公有制企业已经成为推动我国发展不可或缺的力量，成为创业就业的主要领域、技术创新的重要主体、国家税收的重要来源，为我国社会主义市场经济发展、政府职能转变、农村富余劳动力转移、国际市场开拓等发挥了重要作用。

我国《宪法》第 6 条第 2 款规定："国家在社会主义初级阶段，坚持公有制为主体、多种所有制经济共同发展的基本经济制度，坚持按劳分配为主体、多种分配方式并存的分配制度。"第 11 条规定："在法律规定范围内的个体经济、私营经济等非公有制经济，是社会主义市场经济的重要组成部分。国家保护个体经济、私营经济等非公有制经济的合法的权利和利益。国家鼓励、支持和引导非公有制经济的发展，并对非公有制经济依法实行监督和管理。"党的二十大报告指出："坚持和完善社会主义基本经济制度，毫不动摇巩固和发展公有制经济，毫不动摇鼓励、支持、引导非公有制经济发展，充分发挥市场在资源配置中的决定性作用，更好发挥政府作用。深化国资国企改革，加快国有经济布局优化和结构调整，推动国有资本和国有企业做强做优做大，提升企业核心竞争力。优化民营企业发展环境，依法保护民营企业产权和企业家权益，促进民营经济发展壮大。"

2. 公有制企业与非公有制企业的区别

（1）生产资料拥有的不同。公有制企业的生产资料是国家和集体，归全民或者部分人民共同拥有，而非公有制企业是除了国家和集体之外的个体、私营、外资，生产资料归个人所有。

（2）经济地位不同。公有制企业在我国社会主义市场经济中占据主体地位，是社会主义经济制度的基础，是推动经济和社会发展的基本力量，是实现最广大人民群众根本利益和共同富裕的重要保证。非公有制企业是社会主义市场经济的重要组成部分，建成社会主义现代化强国重要主体，是实现中华民族伟大复兴中国梦的重要力量，随着改革开放的深入发展，非公有制企业的地位将更加重要。

（3）经营方式不同。公有制企业的主管部门层层管理，而非公有制企业独立自主经营。

（4）经营领域的不同。公有制企业涉及所有的经济领域，非公有制企业在某些经济领域需要得到国家政府的批准。

（5）作用的不同。公有制企业以公有制为主体，公有资产在社会总资产中占优势，既有量的优势，更注重质的提高，国有经济控制国民经济命脉，对经济发展起主导作用，非公有制经济是我国社会主义市场经济的重要组成部分，主要体现在其能充分调动社会各方面的积极性，在推动经济社会发展方面具有重要的作用。

（二）非公有制企业民主管理概述

1. 非公有制企业实行民主管理的重要性和必要性

（1）非公有制企业实行职工民主管理，是由我们党和国家的性质决定的。

工人阶级是党的阶级基础，是国家的领导阶级。广大职工群众参与国家、社会事务和企事业管理，是宪法和法律赋予的权利。非公有制企业的职工是我国工人阶级的重要组成部分，是以国家主人的身份在这些企业工作的，应当按照法律和政策的规定参与企业民主决策、民主管理和民主监督。

（2）非公有制企业实行职工民主管理是生产社会化和管理现代化的必然趋势。

人力资本理论认为，资本应划分为以厂房、机器设备为代表的实物资本和以劳动力为代表的人力资本两类。人力资本是指经过一定的教育培训后形成的劳动者的知识和能力，是劳动者的劳动能力资源。在现代社会和知识经济时代，人力资本是活的生产要素，是创造价值的生产要素，是起着决定性因素的生产要素。由此可见，职工参与企业管理是社会化大生产的必然产物，与生产资料所有制并无必然联系，不能与资产所有权完全画等号。

（3）非公有制企业实行民主管理是贯彻落实党的全心全意依靠工人阶级指导方针的重要举措。

全心全意依靠工人阶级，是由我们党和国家的性质和工人阶级的地位决定的，是我们党的一个突出政治优势和一贯主张。坚持全心全意依靠工人阶级，就要保障和发展工人阶级的民主权利。非公有制企业的职工是我国工人阶级的重要组成部分，在非公有制企业贯彻依靠工人阶级指导方针，坚持发展社会主义民主，就要坚持和完善职工民主管理制度，保障职工依法、有序、广泛参与企业民主管理，切实保障职工群众的民主权利。

（4）非公有制企业实行民主管理是建立现代企业制度，促进非公有制企业健康发展的客观需要。

非公有制企业职工通过参与企业民主决策、民主管理、民主监督，可以集中群众智慧，使企业决策减少盲目性、随意性、风险性，增强科学性、可行性、安全性，使企业决策更加正确、科学、完善，避免因决策失误而造成的风险和损失。而且，通过实行民主管理，可以充分发挥一切利益相关者的才能和积极性，改善企业的经营管理状况，提高企业的核心竞争力，促进企业高质量发展。

（5）非公有制企业实行民主管理是维护职工合法权益的有效机制。

在非公有制企业实行民主管理，有关职工合法权益的重要事项依法提交职工代表大会审议，或者由工会代表职工与企业进行平等协商，充分听取职工群众的意见和建议，使劳动关系在民主化、制度化、规范化、程序化的轨道上运行，使职工的合法权益得到可靠的制度保障。

2012年中央纪委等6部委联合发布了《企业民主管理规定》，明确了在社会主义市场经济条件下，所有的企业都要实行民主管理。这意味着非公有制企业建立职工代表大会、厂务公开制度，公司制企业设立职工董事、职工监事有了强有力的法律和政策支持保障，非公有制企业职工将能够规范有效地行使民主管理权力。

为推动全国非公有制企业建立健全以职工代表大会为基本形式的民主管理制度，进一步促进非公有制经济健康发展、构建中国特色和谐劳动关系，2016 年 9 月 1 日中华全国总工会发布了《关于深入推进非公有制企业民主管理工作的意见》，从推进非公有制企业民主管理工作的重要意义、指导思想、工作原则和目标任务，大力推进非公有制企业民主管理制度化、规范化建设，不断丰富非公有制企业民主管理工作内容，切实提高非公有制企业民主管理工作实效，加强组织领导和工作指导等方面，对深入推进非公有制企业民主管理工作做了全面阐释。

2. 推进非公有制企业民主管理的工作原则

根据《中华全国总工会关于深入推进非公有制企业民主管理工作的意见》，推进非公有制企业民主管理的工作原则如下。

（1）坚持融入管理，促进企业发展。把民主管理有效融入企业生产经营管理活动之中，使民主管理成为企业管理的重要组成部分，成为非公有制企业破解经营管理难题、加快产业转型升级、增强核心竞争力的推动力量和有效途径。

（2）坚持以人为本，维护职工权益。牢固树立全心全意依靠职工办企业的理念，尊重职工主体地位，支持职工参与企业管理，推动解决职工最关心、最直接、最现实的利益问题，让职工在企业改革发展中有更多的获得感、幸福感、安全感。

（3）坚持因企制宜，实施分类指导。针对非公有制企业实际，把握多样性、差异性和渐进性的特点，由易到难、由浅入深，循序渐进推动非公有制企业民主管理工作深入发展。

（4）坚持以点带面，实现整体推进。充分发挥先进典型的示范引领作用，带动更多的非公有制企业建立健全以职代会为基本形式的民主管理制度，以点带面、点面结合，不断提升非公有制企业民主管理工作的整体水平。

3. 推进非公有制企业民主管理工作的目标任务

《中华全国总工会关于深入推进非公有制企业民主管理工作的意见》提出，坚持不懈抓基层、打基础，着力推进非公有制企业民主管理建制扩面工作，着力推进制度化、规范化建设，着力推进理论创新、制度创新和工作创新，使非公有制企业民主管理组织机构更加健全、工作内容更加丰富、工作机制更加完善、运行程序更加规范、作用发挥更加有效。

（三）大力推进非公有制企业民主管理制度化、规范化建设

根据《中华全国总工会关于深入推进非公有制企业民主管理工作的意见》规定，坚持把建制扩面作为一项长期的基础工程抓紧抓实，实现已建工会的百人以上的非公有制企业单独建立职代会制度和厂务公开制度达到并动态保持在 80% 以上。大力推行区域（行业）职代会制度，实现中小微型非公有制企业民主管理制度覆盖面不断扩大。推动按照《公司法》规定设立董事会、监事会的非公有制企业，职工董事、职工监事制度建制率逐年稳步提高。

1. 建立健全职代会制度

非公有制企业可以根据自身实际，制定职代会实施细则或操作办法，完善职工代表选举制度、提案制度、表决制度、各专门委员会（工作小组）工作制度和决议落实制度等。规范选举职工代表，鼓励和探索职工代表竞选制度。职工代表中应当有适当比例的女职工、农民工、劳务派遣工代表。规范职代会提案的征集、办理、反馈环节。根据《企业民主管理规定》，落实职代会职权，对重要事项应当采用无记名投票方式分项表决。充分发挥各专门委员会（工作小组）在职代会闭会期间的作用，组织职工代表巡视检查，推动职代会决议的贯彻落实。在经济开发区、工业园区、高新技术园区和乡镇（街道）等中小微型企业集中的区域和产业集群，大力推行区域（行业）职代会制度。逐

步规范区域（行业）职代会的职权内容、工作制度、组织制度，使区域（行业）职代会在构建和谐劳动关系中有效发挥作用。

2. 推进厂务公开制度

非公有制企业根据有关规定制订厂务公开具体实施办法、健全组织机构、明确工作职责，完善监督检查、意见反馈、考核评估、责任追究等工作制度。在强化职代会主渠道的同时，拓宽公开方式，通过厂情通报会、厂务公开栏，企业内部网站、电子信箱、手机短信、微博、微信等途径，及时、真实、全过程公开企业改革发展中的重大问题和职工关心的热点难点问题，广泛征求职工的意见建议。

3. 推行职工董事、职工监事制度

指导和推动设立董事会、监事会的非公有企业建立职工董事、职工监事制度。职工董事、职工监事应由工会提名、职代会以无记名投票方式差额选举，经全体代表过半数同意方可当选。职工董事、职工监事要向公司职代会报告工作，接受职代会监督、质询和民主评议。在董事会、监事会研究决定公司重大问题时，职工董事、职工监事应按照职代会的相关决议发表意见，维护职工和公司的合法权益。

4. 鼓励非公有制企业创新民主管理实现形式

指导企业结合自身实际，畅通民主参与渠道，采取民主管理委员会、民主议事会、劳资恳谈会、民主协商会、总经理信箱、总经理接待日等行之有效的民主形式，搭建职工参与管理、与企业沟通协商的平台，并与职代会、厂务公开、职工董事职工监事制度有效衔接、相互促进，形成推进企业民主管理工作的制度合力。

（四）不断丰富非公有制企业民主管理工作内容

主动适应经济发展新常态，围绕推动企业改革发展和维护职工合法权益，引导企业和职工积极开展多种形式的民主管理活动，促进企业和职工共同发展。

1. 引导和组织非公有制企业职工广泛开展民主管理活动，为实施创新驱动发展战略、实现企业转型升级献计献策。顺应加快推进实施"中国制造 2025"行动纲领和"互联网+"的发展趋势，把民主管理贯穿于企业实施创新驱动、实现转型升级的全过程。指导企业深入开展"公开解难题、民主促发展"主题活动，制订如"民主管理立新功、职工代表在行动""我为企业发展献一计""金点子""优秀职工代表提案""职工代表大讨论""职工大课堂"等灵活具体、形式多样的活动实施办法，鼓励职工投身技术创新、合理化建议等活动，组织职工为企业转型升级多想招、为加快发展多出力，用实际行动为企业提高自主创新能力和市场竞争力贡献智慧和力量。

2. 指导和督促非公有制企业将民主管理与专业管理深度融合，完善经营管理制度，提高企业管理科学化水平。在企业决策制定、规章制度、人事安排、绩效考核、物资采购、招标投标等经营管理过程中，通过职代会、厂务公开等民主形式，广泛听取职工的意见和建议，不断完善管理制度，提高管理水平。鼓励和推动非公有制企业开展职代会民主评议管理人员活动，完善企业内部权力运行制约和监督机制，降低管控风险。充分发挥职工董事、职工监事在源头参与企业重大决策和监督中的作用，完善企业法人治理结构，推动企业从家族式、封闭式管理向现代企业管理转变，在市场竞争中做大做强。

3. 指导和督促非公有制企业严格履行民主程序，为企业改革发展营造良好的稳定环境。指导企业制定、修改或者决定有关劳动报酬、工作时间、休息休假、劳动安全卫生、保险福利、职业培训、劳动纪律和劳动定额管理等涉及劳动者切身利益的规章制度或者重大事项方案，提交职代会审议通过，着力解决欠薪、超时加班、劳动保护措施不到位等突出问题。在推进供给侧结构性改革及化解钢铁、煤炭行业过剩产能过程中，指导督促相关企业加强厂务公开工作，按照国家有关法律法规和政策制定并落实职工安置方案，依法履行民主程序，充分听取职工意见。

职工安置方案应按规定经职工代表大会或全体职工讨论通过后公布实施，职工安置方案未经职工代表大会或全体职工讨论通过的，不得实施；引导职工理解改革、支持改革、参与改革，推动企业改革顺利进行。

4. 引导和组织非公有制企业职工通过民主管理制度平台，依法、理性、有序表达利益诉求。针对职工权利意识明显增强、利益诉求更加多元的新特点，通过职代会等民主形式，引导职工认清企业改革发展中面临的困难，正确看待自身利益与企业集体利益的关系，将职工零散无序的利益诉求纳入制度框架内，使之规范有序进行表达。在讨论决定涉及职工切身利益的重要事项时，统筹兼顾企业内部不同职工群体特别是青年职工和农民工、劳务派遣工、新就业形态劳动者的利益诉求，将劳动关系中可能出现的矛盾和问题化解在基层、化解在萌芽状态。

（五）切实提高非公有制企业民主管理工作实效

《中华全国总工会关于深入推进非公有制企业民主管理工作的意见》提出，要针对当前非公有制企业民主管理工作中存在的突出问题，积极探索破解难题的有效办法和途径，力求在一些关键问题、难点问题上取得新突破，多措并举提高工作执行力，推动民主管理各项制度落实到位。

1. 坚持问题导向

把问题意识、问题导向贯穿于推进工作的全过程，深入研究经济发展新常态下非公有制企业改革发展和职工权益实现面临的突出问题。坚持重心下移，加强对非公有制企业工会的指导和服务，着力解决非公有制企业民主管理建制难、运行不规范、作用难发挥等问题，研究解决青年职工和农民工、劳务派遣工等特殊职工群体的民主权利的落实问题，广泛应用新媒体增强民主管理工作的吸引力，以解决问题的成果检验推动工作的成效。

2. 运用法治思维

积极推动企业民主管理立法工作。已出台地方性法规的地区，要积极配合做好人大执法检查、政府行政监察和政协视察，督促企业贯彻执行相关法律法规；尚未出台地方性法规的地区，要积极推动企业民主管理列入地方立法计划。严肃处理企业因劳动规章制度引发的劳动争议和劳动纠纷，倒逼企业建立健全职代会等民主管理制度。引导职工自觉守法、遇事找法、解决问题靠法，运用法律武器维护自身合法权益。

3. 狠抓工作落实

进一步转变作风，深入企业，深入调查研究，动员、指导和帮助非公有制企业建立健全民主管理制度；探索建立激励约束机制，将企业实行民主管理情况纳入企业负责人政治安排和企业创先评优指标体系；借助政府公共信用信息平台等方式，加强社会监督，引入市场力量，督促企业遵法守纪、诚信经营。

【思考题】

1. 为什么要推行企业集团职代会制度？

2. 推行企业集团职代会制度的基本原则是什么？

3. 简述推行企业集团职代会制度的工作要求。

4. 企业集团职代会的职权有哪些？

5. 推进非公有制企业民主管理的工作原则是什么？

6. 如何推进非公有制企业民主管理制度化、规范化建设？

7. 如何不断丰富非公有制企业民主管理工作内容？

【案例1】

安徽唐兴装备科技股份有限公司
深化"3351"工作法，推动民主管理提质增效

2022年11月1日　来源：《安徽工人日报》

近年来，在省总工会和市总工会的指导下，安徽唐兴装备科技股份

有限公司深入推行"3351"厂务公开民主管理工作方法，不断优化民主管理形式，调动全体职工的工作热情和参与企业管理的积极性，促进企业健康协调发展。公司先后荣获国家级专精特新"小巨人"企业、全国厂务公开民主管理工作先进单位，公司工会被评为省非公企业示范工会、省"模范职工之家"。

形成工作"三力"，落实民主管理责任

公司民主管理工作始终坚持党组织统一领导，形成行政实施、工会协调推行、广大职工积极参与的机制，形成工作合力。支委会通过走访调研、群众座谈、专题会议等方式，调查了解党建工作、职业道德、生产经营、职工福利等情况，协调解决职工关心的各类问题；根据"应公开、尽公开"的原则，在厂区设置党务公开栏，按照内容、时间、流程、形式"四项联动"管理，对发展党员、党费收缴及使用情况，按照先党内、后党外的顺序进行公开。

公司成立了厂务公开民主管理工作领导小组，建立了以党支部书记（董事长）为组长，工会主席、副总经理为副组长，各业务职能部门具体承办的机制，增强工作引力。明确党支部书记（董事长）是厂务公开民主管理工作第一责任人和执行人，工会主席是厂务公开第一监督人，职工群众是厂务公开第一评价人的厂务公开工作责任。

厂务公开民主管理工作被纳入考核体系，从而搭建起厂务公开"部门有责任、环环有考核、惩奖有兑现"的坚实框架，激发工作动力，使得厂务公开民主管理工作的组织程序、管理程序和监督程序基本实现了有章可循、有据可依。

做到"三个坚持"，促进机制运作规范

公司工会坚持落实职代会制度，先后制定了《职工代表大会条例实施细则》《职工代表大会专门工作小组工作制度》《职代会民主评议领导人员实施细则》等制度，坚持每年定期召开一次职代会，认真审议总经理工作报告，工资、福利和有关费用执行情况报告以及职代会提

案和建议落实情况报告等；参与企业生产经营重大决策的讨论和制定，完善各项工作计划和管理标准制定；对职工关心的相关问题、工作中的难点以及关系到职工切身利益的事项，进行深入的讨论和商定。职代会还设立四个专门委员会，在职代会闭会期间充分发挥作用，汇总与会代表提出的议案并反馈给公司，责成相关部门及时落实解决问题。近年来，职代会共收到各类提案 51 条，经提案管理小组审核立案的有 39 条，做到每一条都有答复。

为维护职工权益，确保职代会提案得到有效落实，公司在 2020 年职代会审议通过《职工代表巡视检查细则》，坚持定期或不定期地组织职工代表进行巡视，采取"听、谈、查、看"等方式，聚焦职工关注的热点、焦点问题，如薪酬绩效改革、职业卫生保障、安全生产、职工培训教育等内容。近年来，公司工会组织职工代表巡视共计 17 次，监督问题整改 43 项。

公司工会重点落实职代会民主评议管理者制度，坚持民主评议。通过职代会的形式，职工代表根据"德能勤绩"四项内容对公司中高层管理者进行民主评议，将评议结果进行公开，并与绩效考核挂钩。

落实"五项举措"，巩固厂务公开成果

为使厂务公开保持规范运作，公司健全制度夯实基础，先后印发了《厂务公开制度实施细则》《厂务公开领导小组职责》等基本制度，对厂务公开的内容、形式、程序和范围等进行细化分解。

公司成立了厂务公开监督检查小组，定期对各职能部门的部务公开工作进行检查督导，使各部门公开工作更加制度化、规范化和常态化。各部门通过特色公示栏、部务会等方式，公开职工绩效考核结果、内部奖惩情况、月度重点工作等内容；检查部务会纪要，使公开工作有据可依，有账可查。

厂务公开工作的落实主要是看职工群众民主监督的权利是否得到切实保障。公司在以职代会工作内容的基础上，拓展媒介疏通渠道，一方面，完善公司厂务公开渠道，在食堂人群密集点设置了专用的公开栏，在厂区建成了 10 米长的企业文化宣传栏，及时通报公司经营形势、职工奖惩情况、组织结构调整、人员任命等热点内容，并利用厂区灯柱安装先模人物道旗，宣传先进事迹。另一方面，利用公司门户网站、OA 网络办公系统、微信公众号、微信工作群、抖音号等平台，打造线上厂务公开阵地，不仅方便职工查看公开信息，还能利用线上媒体的互动功能，及时答复职工反映的各类问题。

在开展厂务公开民主管理工作过程中，公司注重建立完善多层次信息交流沟通机制。对内，施行三级公开的方式，即每月召开月例会、部门每周召开部务会、班组每日召开班前会，将厂务公开的规定和要求融入企业管理流程，形成务实管用的公司内部沟通渠道；对外，多次举办"职工家属走进唐兴"活动，让职工家属充分了解职工的工作内容和工作环境，体会到职工的辛劳，促进职工家庭的和睦。

公司以业务体系建设带动管理提升进而深化公开内容，先后实施了质量、环境、安全与职业卫生的三体系建设。各部门梳理、识别了在日常工作中各岗位会出现的涉及环境、职业健康和安全危险因素几百个，并将识别出的危害因素以及对应的保护方法、应急救治等内容以培训、文件、展板等方式公开告知各岗位职工，增强职工安全生产的意识。

健全"一项机制"，提升民主管理水平

为了有效解决民营企业"一言堂"现象，保障职工代表合理行使民主决策、民主管理、民主监督权利，在 2021 年的股份改制进程中，公司设立董事会和监事会，3 名监事全部来自公司管理、科研、生产一线，代表职工行使参与企业决策的权利，发挥监督作用。

近年来，唐兴装备厂务公开民主管理工作围绕企业发展，以构建和谐劳动关系、和谐企业、和谐社会为主题，使公司从传统"家长式"经营管理向"科学民主公开"管理模式转变，呈现出整体推进、深层发展、实效明显的局面。

下一步，公司工会将强化思想认识，与时俱进、找差补缺，坚定目标、落实措施，不断巩固厂务公开民主管理成果，促进企业协调高质量发展，为当地社会和经济发展贡献力量。

【案例2】

上海市宝山区总工会
积极推行非公有制企业民主管理　努力构建和谐稳定的劳动关系

2021年10月15日　来源：《工人日报》

宝山区总工会持续全面深化非公有制企业工会改革，推动民主管理在非公有制经济领域形成良好工作态势，并探索实践了一些较为成功的做法和经验。

第一，从非公有制企业实际出发，夯实民主管理工作基础。一是争取区委区政府重视支持。将推进非公有制企业民主管理制度工作要求纳入依法治区五年规划纲要；推动区、街镇两级政府与工会联席会议落实具体举措；依托区厂务公开工作领导小组力量，将推进工作纳入各级党政工考核体系。二是建立多方合作机制。推进将非公有制企业民主管理制度建设作为与法院、人社、司法"四方合作"机制以及"三方协商"机制的重要内容。三是发挥典型引领作用。以"顾村经验"为基础，将持续推进企业民主管理作为深化非公有制企业工会改革的重要内容。

第二，适应企业差异性，阶段式推进职工代表大会制度。将推进职代会工作分为起步、基本达标、达标、示范四个阶段。一是起步阶段重引导。针对暂时难以建立职代会制度的小微企业，建立区域（行业）职代会制度，协商解决劳动关系共性问题。二是基本达标阶段重建制。针对刚建立职代会的企业，要求企业协商确定单位职代会届期和基本运作规则，坚持每年至少召开一次会议，职代会审议建议、审议通过、审查监督三项职权基本落实，集体合同草案和集体协议通过职代会审议通过后实施。三是达标阶段重规范。针对制度已运行一定时期的企业，要求职代会制度与企业管理制度基本对接，职工代表管理基本到位、职代会五项职权全面落实，职代会提案等工作制度得到实施。四是示范阶段重引领。针对部分长期运行职代会制度的企业，全面总结推广做法和经验，引领带动更多企业践行民主管理。

第三，从构建非公有制领域和谐劳动关系出发，着力发挥民主管理机制性作用。一是推进企业在重大调整中履行民主程序。依据上海《关于促进本市企业重大改革调整中劳动关系稳定的操作指引》《关于本市企业制定修改劳动规章制度的操作指引》，指导非公有制企业依法履行职代会民主程序。二是推进企业和职工在应对疫情中有序协商。及时制定疫情防控期间稳定劳动关系支持企业复工复产的工作方案，出台劳动关系工作指导意见，依托市总工会网络职代会系统指导开展集中要约行动。三是推进"问题"企业规范用工建会建制。充分运用区、街镇（园区）两级劳动法律监督检查联席会议机制，实施工会定向劳动法律监督。

第十一章　职工民主管理的其他形式

我国职工民主管理除了职工代表大会、厂务公开、职工董事和职工监事、平等协商和集体合同等形式外，还有其他多种多样的形式。

一、合理化建议活动

（一）合理化建议

凡是在企事业单位管理的组织、制度、技术、方法和手段等方面，提出带有改进、创新因素的办法和措施，经试验研究或实际应用，对提高企事业单位素质、管理效能、经济效益或对社会效益有明显的作用和成效的，均可作为合理化建议。合理化建议活动，就是指发动和依靠广大职工围绕企事业单位生产经营管理中方方面面的问题，各抒己见，畅所欲言，为深化企事业改革、推进技术进步、实行科学管理、构建和谐劳动关系、降低生产成本、提高产品质量，增强企业竞争实力的献计献策活动。开展合理化建议活动，是发扬职工的主人翁精神，激发员工的工作热情，充分发挥职工聪明才智的有效活动载体，是企业在激烈的市场经济条件下生存、谋求更大发展的有效途径，也是企事业职工展示自我、体现自身价值的舞台。

（二）开展合理化建议活动的意义

开展合理化建议活动，是工会组织围绕党和国家工作大局，立足新发展阶段、贯彻新发展理念、构建新发展格局、推动高质量发展充分发挥自身作用的生动体现；是落实全心全意依靠工人阶级指导方针、尊重职工主人翁地位的重要途径；是引导职工积极参与企事业单位的改革、生产经营和管理的基本要求。开展合理化建议活动，有利于提高劳动者的素质，加强职工队伍建设；有利于推动技术进步，提升企事业单位的技术水平；有利于集中职工群众智慧，发挥职工的聪明才智为企事业发展做贡献，提升企事业单位的核心竞争力；有利于提高企事业单位的知名度和经济效益与社会效益；有利于发挥工会作用、体现工会价值。对合理化建议活动重要意义的认识，是开展好这项活动的思想保障和群众基础。

（三）合理化建议的内容

1. 在管理理论、管理技术上有创意，对提高生产经营管理、科研、教学、设计水平，提高经济效益或社会效益有指导作用。

2. 在管理组织、制度、机构等方面提出改革办法或改进方案，对提高工作效率和企事业单位竞争能力或服务能力有显著效果。

3. 应用国内外现代化管理技术和手段，取得经济效益或社会效益。

4. 凡在岗位责任制范围内提出的建议具有改进、革新因素，并能取得经济效益或社会效益的。

5. 学习、借鉴国内外已有的先进技术、经验、成果，首次应用于采纳单位的。

6. 合理化建议和技术改进项目在提出者所在单位不能采纳时，可向外单位提出，采纳单位应视同本单位人员处理。

不构成合理化建议的内容如下。

1. 无实质内容，为完成合理化建议的任务而无创意的建议。

2. 只指出问题、弊端的现象或仅提出建议、设想的名称而无解决问题的具体办法或大概思路。

3. 公司正在实施、验收阶段的项目。

4. 公认的事实或正在改善的，已被采用过或以前已有的重复建议。

（四）合理化建议的实施要点

1. 提高针对性：合理化建议，虽然是职工展示自我、实现自我价值的平台，对激发职工的工作热情、增强创新意识卓有成效，但仍要做好组织和策划工作。如生产企业的技术革新、管理方法，商业系统的服务质量、服务技能永远是企业管理工作中不变的核心和主题，应当围绕这些问题策划一个主题，以此来引导合理化建议的方向，提高合理化建议的针对性。

2. 体现激励性：合理化建议的效果取决于全员参与的广度和深度，要激励全员参与，激励措施必不可少。激励措施包括物质激励、荣誉激励、精神激励等。除了这些必要的奖励措施外，还必须给合理化建议活动宽松的环境，不要给下属单位和职工下指标、下任务，只要职工提出了任何建议都应给予积极的肯定和鼓励。

3. 创新评审制：除成立必要的合理化建议评审委员会外，还应有其他措施公布评估结果。如利用企业局域网的优势，及时发布合理化建议。可在企业网页上建立一个"合理化建议"模块。有了这个模块，职工的一个建议从提交到评议、审批，再到最后的实施，都可以在这个流程中走完。

（五）工会如何开展合理化建议活动

开展合理化建议活动是新时代工会组织义不容辞的责任和重要任务之一。工会组织要发挥自身优势，引导职工参与到合理化建议活动中来，为企业的改革发展献计献策，使职工在深化改革、技术革新、科技进步、科学管理、促进发展、维护稳定和构建和谐企业中发挥聪明才智。

1. 找准位置、选准路径是工会组织深入开展合理化建议活动的关键。

工会组织在开展群众性合理化建议活动中只要能找准位、选好路子，就能以自身的优势和特点，起到其他组织难以替代的作用，这是因为工会组织是党联系职工群众的桥梁和纽带，是职工利益的代表者和维护者，具有广泛的群众性和民主性。

企业合理化建议活动是整个企业、事业单位的共同任务，在合理化建议活动中，工会组织不能"孤军作战"，要加强组织领导，要积极争取企事业党政主要领导对该项工作的大力支持和关注，要建立党政工团齐抓共管、齐心协力的工作机制。工会作为企事业合理化建议活动的重要组织者之一，要做到以下3点。

（1）工会组织是企事业党、政领导联系职工群众的桥梁和纽带，要积极探索党政所需、职工所求、工会所能的结合点，发挥工会组织自身的凝聚力和影响力，引导职工参与到合理化建议活动中来，为企事业的改革、发展和稳定献计献策，使职工在深化改革、技术革新、科技进步、科学管理、促进发展、维护稳定和构建和谐企业中的主力军作用得到充分展现。

（2）工会组织覆盖率高，会员分布在企事业内各个层次，工会组织要充分利用这一得天独厚的优势，以合理化建议活动为载体，最大限度地把职工的工作热情和创造活力、聪明才智、"金点子"激发出来，引导广大职工，立足本职岗位，创造性地开展工作。

（3）工会组织要认真对待职工提出的合理化建议，保护职工的创新热情，要尊重职工的劳动成果，鼓励职工在钻研业务技术、更新经营管理方法、探讨服务手段上不断创新，让职工在活动中自身的价值得到承认和体现。在合理化建议评审的过程中，即使所提的建议并不合理、没有新意、更谈不上创新，也要给予鼓励。不仅要发动职工为企事业长远发展献计献策，而且要深入开展"小革新、小改进、小设计、小节约、小经验"等建议和"我为节约献一计""我为公司安全进一言"活动，还应把职工关注的热点问题、迫切要求解决的难点问题的建议，作为合理化建议采纳的重点问题来解决，充分体现以人为本，促进企事业劳动关系的和谐，提高工会组织竭诚为职工服务的水平，努力为职工做好事、办实事、解难事、送温暖，让广大职工由衷地认为工会组织是"职工之家"，工会干部是职工的"娘家人"，工会组织的作用是其他组织难以替代的。

2. 适应形势、创新思路是工会组织深入开展合理化建议活动的根本。

在新形势下，工会坚持开展群众性的合理化建议活动应做好如下工作。

（1）建立健全组织机构和规范的运行模式，明确合理化建议工作流程。

要想开展好合理化建议活动，首先要建立起健全的组织机构和规范的运行模式以及透明流畅的工作流程。

一是要进一步发挥工会组织在企事业和职工间的纽带作用，在工会设立专门合理化建议活动工作办公室，专门负责组织实施，对职工提出的合理化建议予以指导，接收职工建议，对各种建议进行初审，初步筛选出合理、可行的建议。二是成立专业的评审委员会，评审委员会由企事业党、政主要领导以及合理化建议办公室工作人员和各方面的技术专家组成。评审委员会对职工所提的合理化建议进行评估，对建议的项目、内容进行全面分析。三是根据评审委员会的评审结果，对有价值的建议指定专门的部门或专人进行落实，合理化建议办公室负责协调各部门之间关系，并监督落实情况和工作进度。

（2）宣传发动到位，让职工对合理化建议活动有深入广泛的了解。

要充分利用网络、报纸、广播、电视、会议、板报等各种形式，深入做好开展合理化建议活动的宣传工作。一是要让职工认识到开展合理化建议活动的目的和意义。开展合理化建议活动不仅有利于企事业降本增效，对职工自身也有很现实的意义。如：奖金、荣誉、展现自己能力与水平的机会，甚至于晋升机会等，同时也是实现自身社会价值的机会。二是要宣传合理化建议的定义和范围，让职工清楚什么样的建议才是合理化建议，提建议不仅要指出存在的问题与不足，还要提出相应的解决方案。合理化建议涉及企事业的方方面面，既可以是企业事业管理、生产经营方面的，也可以是技术革新、技术创新、技术改造方面的；既可以是节能降耗方面的，也可以是企事业发展战略方面的，等等。三是要宣传提合理化建议的渠道和工作流程，让职工对提合理化建议的组织机构和运行模式有清楚的了解，知道怎样去提建议以及自己所提的建议是怎样得到采纳和落实的，从而使每名职工对这项工作都心里有数，增强职工对企事业的信任程度和提合理化建议的热情。

（3）搭建多种平台，为职工开拓提合理化建议的广阔渠道。

一是要保证提合理化建议的时间随时化，要建立起让职工能随时提合理化建议的有效机制，设置专门机构和专职的工作人员，随时接收职工的合理化建议，并及时办理和落实，使企事业能够及时了解职工的好想法，使职工的好建议以最快的速度转化为企事业的经济效益；二是要为职工开通多种提合理化建议的渠道，打破以前用的提交建议表、建议报告等简单方式，如：可以开通电子信息渠道，让职工通过企事业的局域网、微信直接提出自己的建议，并将合理化建议的落实情况跟踪上网，让职工对自己所提建议的落实进度随时掌握和了解；三是要建立合理化建议的职工评价机制，当一项合理化建议落实完时，可以让职工对企事业的落实情况在网上进行公开评价，督促企事业单位开展工作。只有这样，才能让职工感受到自己的建议的落实过程，增强自豪感和满意度，企事业单位也能真正地做到广开言路，吸引更多的职工参与到这项活动中来。

（4）建立起有效的利益导向机制，保障合理化建议工作的生机活力。

合理化建议这项工作作用的发挥，需要有效的利益导向机制做保障，这样才能长期调动职工提合理化建议的积极性，使其自觉自愿地参与到这项工作中来，保证合理化建议工作能够充满生机并持久健康发展。

一是通过物质奖励对职工参与合理化建议活动的行为给予积极肯

定，激发职工广泛参与这项活动的热情。奖励要建立在公开透明的评审和评估的基础上，根据合理化建议为企事业创造的价值给予奖励，其中包括对给企事业创造间接经济效益的合理化建议也予以适当奖励。二是定期组织合理化建议表彰活动，让职工通过参与这项活动得到精神上的满足。对给企事业提出有价值的合理化建议，得到采纳并为企事业创造了经济效益的职工进行评比和表彰，不仅能通过这项活动提高职工满意度，也有助于在企事业内部营造出一种人人献计献策、竞相创新的良好氛围。三是对职工参与合理化建议活动的情况进行备案和存档，通过这项活动发现职工的潜力和特长，从而有针对性地对职工进行培训，有针对性地为职工提供晋升机会，让职工感觉到合理化建议活动是企事业为职工搭建的一个展现自己能力、经验与知识水平的平台，通过这个平台可以实现企事业与职工的共同发展，达到职工与企事业的双赢。

二、班组民主管理

（一）班组民主管理

班组是企业的基础，基础不牢，地动山摇。班组民主管理，是班组全体职工依据法律规定，通过一定的组织形式，对班组权限范围内的事务，行使民主管理权力的活动。班组是企业的"细胞"，也是最基本的生产单位。班组民主管理，是职工最直接、最广泛、最经常的民主管理活动，是企业民主管理的基础，具有十分重要的地位和作用。

（二）班组民主管理的重要性

班组实行民主管理的重要性，概括起来，主要有以下3方面。

1. 有利于激发广大职工的主人翁责任感

随着社会主义市场经济体制的建立和完善，企业内部普遍实行了经济责任制，班组也有了一定的经营管理的自主权。在这种情况下，广大职工更加关心企业的经营管理，关心班组的工作，班组的民主管理为广大职工参加班组的日常管理提供了平台和条件。班组民主管理具有全员参加的特点。只有切实加强班组的民主管理，才能使广大职工在实践中切实感受到自己的主人翁地位，从而进一步调动广大职工的积极性、创造性，把班组工作搞好，进而提高企业的经济效益，促进企业高质量发展。

2. 有利于加强企业各项基础工作

班组是企业最基层的行政组织，是企业组织机构的基石，是企业生产经营最基本的单位，是企业各项工作的落脚点，企业的各项管理工作，最终都要在班组得到落实。搞好班组民主管理，对于调动班组每个职工的积极性，集中大家的智慧和力量，分别把各项管理落实到每一个人，具有重要作用。因此，搞好班组民主管理，是搞好企业民主管理的重要一环。

3. 有利于普遍提高职工群众参与管理的能力

发展社会主义市场经济，创新企业制度，对广大职工群众在民主参与管理方面提出了许多新的要求，这就迫切要求广大职工群众提高自身管理能力和水平。班组民主管理具有全员参与性的特点，广大职工群众通过参与管理，在实践中来学习管理，提高自身的管理能力和水平。

（三）班组民主管理的特征

班组民主管理，同企业和车间民主管理比较，有 4 个很明显的特征。

1. 基础性。企业、车间和班组三级民主管理，班组民主管理是基础。广大职工最直接、最广泛、最经常的民主生活在班组。没有班组民主管理，企业和车间的民主管理就少了"落脚点"，这样的民主管理也就形同虚设了，广大职工的主人翁地位就难以充分得到体现。

2. 全员性。与企业、车间民主管理不同，班组民主管理不是选举少数职工代表参加，也不是请部分班组成员参加，而是邀请班组的全体成员参加，尤其是涉及班组中的相关事务，更要广泛听取全体班组成员的意见和建议，由大家讨论决定。

3. 直接性。班组中的每个成员既是生产者，又是管理者，班组民主管理不仅由班组职工直接参加，而且许多内容是与每个成员的生产或管理工作有关的，所以，班组民主管理如果开展得好，能够直接调动每个班组成员的工作主动性和积极性。

4. 渗透性。班组民主管理与班组管理，不像企业和车间的民主管理与专业管理那样职责清晰，分工明确。班组民主管理与班组管理，你中有我，我中有你。班组长、五大员（安全员、宣传员、培训员、考勤员、材料员），都是本班组工人，他们既是班组行政管理者，又是民主管理的直接参与者。

（四）班组民主管理的形式

1. 班组民主管理的基本形式

班组民主管理的基本形式是班组民主管理会。班组民主管理会由工会小组长主持，全体组员参加，一般每月召开 1 次，出席人数必须达到 2/3 以上。班组民主管理会主要有以下职责。

（1）贯彻落实厂部、车间职工代表大会中涉及本班组的有关事宜。

（2）讨论班组生产作业计划、班组经济责任制方案，提出落实措施。

（3）讨论制订和落实班组各项规章制度和改革方案。

（4）讨论决定班组奖金分配办法和有关职工生活福利的事项。

（5）听取班组长工作报告，组员民主讲评班组工作。

（6）民主选举班组长、职工代表，民主评选、推荐先进生产（工作）者，并对职工的晋级和奖惩提出建议。

应高度重视班组民主管理的全员性，尽可能地让班组全体职工都能够参加。如因特殊原因不能参加班组民主管理会，也要想办法充分听取这些职工的意见。努力做到全员、全过程、全方位参与班组民主管理。

2. 班组民主管理的其他形式

班组民主管理的其他形式如下。

（1）设立班组民主管理员。如果班组人数比较多，生产工序比较复杂，可以根据各项工作需要民主推选技术质量员、经济核算员、安全设备员、生活福利员等；如果班组人数比较少，生产工序相对比较单一，则可以采取"一员多职"的办法，减少民主管理员的人数。

（2）开展班组民主评议，一般每季度召开1到2次民主评议会，由工会小组长主持，组员可以围绕产品质量、规章制度、成本与效益、奖金分配等与本班组有关的内容开展评议。

（3）开展班组献计献策活动，让每个组员都动脑筋、想办法，出"金点子"，提高合理化建议的采纳率和实施率。

（4）开展班组民主生活，这是班组成员自我教育、自主管理的有效形式，一般每季度召开1到2次，由工会小组长主持，每个组员都可以提出批评和自我批评，加强沟通和交流，不断提高自己的素质。

（五）班务公开

班务公开，就是将班组民主管理会讨论、审议和决定的问题以及执行落实的情况，采取一定的形式向班组全体职工公布，听取意见，接受监督。班务公开是新形势下班组民主管理形式的拓展，是班组民主管理范围的延伸，是班组民主管理内容的深化。积极推行班务公开，有利于加强班组管理，有利于搞好班组廉政建设，有利于增强班组员工的主人翁责任感。

1. 班务公开应遵循的原则

（1）坚持共同负责的原则。班组要建立起在民主管理小组领导下，由工（班）长、党小组长、工会小组长、团小组长和"五大员"共同负责，群众全体参与的运行机制。

（2）坚持实事求是的原则。班务公开的内容必须真实可信，杜绝弄虚作假，防止走过场。

（3）坚持简便易行的原则。公开的形式力求简单，便于职工知情、参与和监督。

（4）坚持依规办事的原则。凡法规和上级要求应让职工知情、参与决定和监督的事项，均应公开。

（5）坚持两个维护的原则。班务公开的内容和形式，既要有利于维护企业的整体利益，又要有利于维护职工的个人利益。

2. 班务公开的内容

上级有关文件和会议精神；班组各项规章制度；班组年、月、日生产任务及完成情况；职工个人每月完成的计件工时；每月安全生产情况；每月生产材料请领和消耗情况；每月设备检修质量评定情况；每月考勤和考核情况；每月对工（班）长和"五大员"的增加工时；班组外委施工和劳务费的提成；班组每月总收入和总支出；班组每月差旅费收支；职工每月计件工资；职工每月奖金；班组每月伙食账目；职工困难补助；各种先进评选；职工处罚；职工代表和"五大员"的选举；工班长和"五大员"的评议结果；业务招待费使用；好人好事。

3. 班务公开的形式

在班组民主管理会上公布；在室内宣传栏里公布；在黑板报上公布；分类装本张挂；内部信息网络发布，等。

4. 班务公开制度

制订班组班务公开管理办法。

成立两个小组：班务公开执行组，由工（班）长任组长，"五大员"为组员，负责对班务进行公开；班务公开监督组，由工会小组长任组长，班组另选两名员工代表为组员，负责对班务公开进行监督与评价。

建立4项制度：建立班务公开执行制度；建立班务公开监督制度；建立班务公开查询制度；建立班务公开考核制度。

三、民主恳谈会

（一）民主恳谈会

恳谈会，顾名思义即诚恳地交谈，以诚恳心态就大家普遍关注的问题进行洽谈，并达成共识。职工民主恳谈会，即企业经营者与职工通过对话、协商的方式，对一些焦点、难点问题在平等、互信的恳谈中形成双方都能接受与认可的意见。职工民主恳谈会能够较好地沟通企业经营者与职工双方的思想、感情，融洽双方关系，适用于规模小、人员少、流动性大的企业。

（二）民主恳谈会的主要内容与形式

1. 民主恳谈会的主要内容

民主恳谈会主要是围绕企业发展和职工权益两大主要议题，就工资报酬、工作时间、劳动保护、生活福利、综合利用、技术革新、节能减排、生产经营、规章制度、改革改制等问题，企业经营者与职工面对面、心平气和地交流、协商解决。不仅可以维护职工合法权益，也可以减少双方对立情绪，营造平等合作的良好氛围。

2. 民主恳谈会的形式

民主恳谈会可以根据协商的内容定期或不定期召开恳谈会议。参加人员一般由企业经营管理方面和职工方面的人员组成。恳谈会议的议题、时间、地点、主持人等，由双方商定。会议要做好记录，形成纪要，并向全体职工公开恳谈内容和落实情况。

四、民主质询

民主质询企事业领导人员，是职工或职工代表的基本权利。民主质询不同于一般的民主对话或咨询，它要求被质询的领导人员必须对所提问题给予回答，因而带有一定的强制性，其实质上仍然是一种民主监督的形式。

民主质询的内容，一般是广大职工普遍关注的企事业单位重大问题和一些热点、难点问题，主要包括：对职工代表大会通过的决议和提案落实情况进行质询，对企事业单位重大决策问题进行质询，对职工关注的每一阶段的重点工作进行质询，对关系职工切身利益的重大问题进行质询，对关系党风廉政建设的重大问题进行质询，对职工民主评议、民主考核干部中反映出来的突出问题进行质询，等等。

常见的民主质询方式有：根据质询的问题和被质询的对象，召开有关的质询会议，职工代表或者职工当面质询，有关领导当场解答。

职工代表大会民主质询单位领导人员，应当按照一定的程序进行。一般是，职工代表提出质询要求（职代会开会期间向主席团提出，闭会期间向本单位工会提出），职代会主席团或者工会确认质询有无必要，认为有必要的质询，由职代会主席团或者工会与被质询人员协商确定质询的时间、地点、方式等，按协商的时间、地点、方式进行民主质询；职代会专门小组或者工会将质询整理成纪要，发送单位领导和有关部门，并督促有关部门落实解决质询的问题，同时向提出质询的职工代表通报情况。

五、民主接待日和民主信箱

（一）民主接待日

由企业党、政、工领导和有关方面负责人定期接待职工群众来访，称之为"民主接待日"。通过民主接待日制度，直接倾听职工群众意见、建议和合理诉求，为职工群众排忧解难。

民主接待日的基本要求：一是在接待日前将接待领导公开告知职工群众，并通知参加接待的有关领导做好接待准备；二是做好来访职工的接待和登记，引导其按秩序参加接待活动；三是认真做好接待日情况记录；四是坚持对信访接待日中交办的事情落实情况进行督查，对落实好的予以表扬，对落实差的通报批评，做到件件有着落，事事有回音。

（二）民主信箱

民主信箱，即企事业单位设立一个民主信箱，职工群众对本单位工作有什么意见，对本单位领导有什么反映，随时可以写出来投入民主信箱，由企事业单位工会开箱整理后送有关领导或上级有关部门处理。设置民主信箱既是完善、深化、丰富职工民主管理的一项措施，又是了解民情、反映民意，进一步畅通民主管理渠道的有效途径。

【思考题】

1. 合理化建议的重要意义是什么？
2. 合理化建议的内容包括哪些？
3. 工会如何开展合理化建议活动？
4. 班组民主管理有哪些特征？
5. 班组民主管理的形式有哪些？
6. 班组民主管理会的主要职责有哪些？
7. 简述民主恳谈会的内容与形式。

【案例1】

辽宁一企业拿出真金白银，奖励合理化建议提出者、实施者

2021年8月3日　来源：工人日报客户端

"以往润滑油车间自控程序存在设计缺陷，在罐区向车间调和釜输送基础油过程中，产生尾锤超压现象，造成基础油输送管网中的压力表过压损坏、阀门渗油、影响设备使用寿命等问题；改进自控程序设计后，解决了这一问题。"辽宁海华科技股份有限公司设备部部长石峰的这项合理化建议被评为C级，他拿到个人奖励1300元，实施单位拿到了8000元奖励。据了解，该企业对于合理化建议的提出者和实施者均给予奖励，最高一次可拿10万元奖励，大大激发企业职工创新和转化合理化建议成果的积极性。

辽宁海华科技股份有限公司是一家有着30年历史的润滑油脂生产企业，有20多种产品取得国家发明专利，40多种优质产品填补了国内空白。2007年9月1日制定职工合理化建议管理制度以来，按照"鼓

励首创、重在实施"的激励原则，公司对被采纳的合理化建议和成果的人员或部门给予奖励，嘉奖的方式均以奖金形式。

据悉，合理化建议提议者提交给公司工会，公司工会整理完后呈报给公司评审小组审核。评审小组根据合理化建议的具体情况，将合理化建议进行评审分级进行管理，合理化建议分为 6 个级别：对于公司生存和发展有重大影响，或者创造直接经济效益 1000 万元以上的合理化建议为 A 级；对于公司的发展和技术进步有较大影响，或者创造直接经济效益 100 万元以上的合理化建议为 B 级……能够根据自身工作职能和职责范围，积极提出改进工作方式、方法，提高工作效率、管理效率等，起到积极促进作用的合理化建议为 F 级。

从 A 级到 F 级，公司分别给予建议的提出者 50 元~500 元奖励。建议实施后，达到预期效果的，给予实施单位 1000 元~10 万元的奖励。同时，企业要求合理化建议的提出者个人奖励不得低于全部奖励的 10%。该制度实施以来，共有 110 多人参加合理化建议活动，有 90 多人次获奖。仅近 5 年，企业职工就拿到合理化奖金 30 多万元。（记者刘旭）

【案例2】

"问计"于员工，合理化建议活动助力企业发展

2022 年 5 月 29 日　来源：工人日报客户端

5 月 27 日，记者从吉林石化动力二厂获悉，该厂持续开展合理化建议活动，取得明显效果，三年共采纳、实施员工合理化建议 2472 项，创效 1488 万元，为工厂迈向公司"第一方阵""领军企业"助力加油。

"近年来，工厂开展的合理化建议活动，解决了一批制约工厂安全环保、优化生产、节能减排、提质增效、费用控制等方面的瓶颈难题，广大员工主人翁作用得到充分体现。"该厂工会主席陈中华说。

据介绍，该厂秉承"不怕项目小、不怕效益少，就怕用心找"的理念，鼓励广大员工开动脑筋，自己动手，以不投入或少投入为原则，提倡用新方法、新技术、新点子，实施小改革、小发明等创新创造方法，每年滚动开展合理化建议征集活动。

在合理化建议实施过程中，该厂坚持"一人一案"，落实负责人和措施，利用日常检修、技术改造等时机实施，定期召开专题会推进，及时协调解决实施过程中存在的问题。每月对完成情况进行检查验收，并纳入考核，保证该项活动顺利实施。

该厂还创新形式，对征集的合理化建议项目鼓励员工现场"揭榜"，定期召开推进会，三年来，表彰奖励"优化脱硫系统启动步骤，实现启炉时烟气同步达标排放"等358个优秀成果，调动了员工参与合理化建议活动的积极性。（记者　彭冰　通讯员　高洪波）

第十二章　工会与职工民主管理

一、工会概述

（一）工会的性质

工会的性质，是指工会的本质属性或本质特征，是工会组织区别于其他社会组织的根本标志。关于我国工会的性质，我国《工会法》第2条第1款规定："工会是中国共产党领导的职工自愿结合的工人阶级群众组织，是中国共产党联系职工群众的桥梁和纽带。"这一规定表明了中国工会的本质属性是阶级性、群众性和政治性的相互统一。

1. 工会的阶级性。工会的阶级性，是指工会是真正的工人阶级组织，并以工人阶级作为自己的阶级基础。工会的阶级性主要表现为：参加工会组织的是工人阶级的成员，工会是工人阶级利益的代表，工会的成立和发展体现了工人阶级的利益要求，工会是为工人阶级的利益而奋斗的，工会是按照工人阶级的特性组织起来、开展活动的。

2. 工会的群众性。工会的群众性，是指工会是工人阶级在本阶级范围内最广泛的组织。首先，工会的群众性体现在工会的会员构成具有工人阶级范围内的广泛性，在中国境内的企业、事业单位、机关、社会组织中以工资收入为主要生活来源的劳动者，不分民族、种族、性别、职业、宗教信仰、教育程度，都有依法参加和组织工会的权利；其次，工会的群众性体现在工会代表广大会员和职工群众的正当利益，维护他们的合法权益方面；再次，工会的群众性还体现在工会组织内部的民主性方面；最后，工会的群众性还体现在工会组织的自愿性方面。

3. 工会的政治性。工会自觉接受中国共产党的领导，鲜明地体现了我国工会具有高度的政治性。习近平总书记强调："工会工作做得好不好、有没有取得明显成效，关键看有没有坚持正确政治方向。"正确政治方向，核心就是要坚持中国共产党领导和社会主义制度。坚持正确政治方向，是工会做好工作、发挥作用的根本，也是工会作为党领导下的工人阶级群众组织的历史使命。

4. 工会是阶级性、群众性和政治性的有机统一。工会的阶级性、群众性和政治性不是分割的，而是辩证地统一在一起的。阶级性离不开群众性，以群众性为基础；群众性也离不开阶级性，受阶级性的制约；工会的阶级性和群众性以政治性为方向和保障。始终坚持党的领导，坚持走中国特色社会主义工会发展道路，这是中国工会的显著特点。

（二）工会的社会职能

根据《工会法》《中国工会章程》规定，归纳起来，工会的社会职能有以下 4 项。

1. 维护服务职能：工会维护职工群众合法权益的职能。《工会法》规定："中华全国总工会及其各工会组织代表职工的利益，依法维护职工的合法权益。""维护职工合法权益、竭诚服务职工群众是工会的基本职责。工会在维护全国人民总体利益的同时，代表和维护职工的合法权益。"

2. 建设职能：吸引和组织职工群众参加经济建设和改革，努力完成经济和社会发展任务、促进经济社会发展的职能。《工会法》规定："工会动员和组织职工积极参加经济建设，努力完成生产任务和工作任务。"工会的建设职能不仅是在生产领域，而且要不断地深入到交换、分配、消费的各个领域；工会履行建设职能的目的，不仅要促进生产力的发展和技术进步，而且要促进生产关系的变革。工会要围绕立足新发展阶段、贯彻新发展理念、构建新发展格局，推动高质量发展，组织开展"建功'十四五'、奋进新征程"主题劳动和技能竞赛，大力开展合理化建议、职工技术协作、技术革新活动，拓展"五小"竞赛活动，大力弘扬工人阶级伟大品格和劳模精神、劳动精神、工匠精神，充分调动广大职工的积极性、主动性、创造性，为全面建成社会主义现代化强国贡献力量。

3. 参与职能：工会代表和组织职工参与管理国家事务、管理经济和文化事业、管理社会事务，参与企业、事业单位、机关、社会组织的民主管理，发挥职工参政议政民主渠道的职能。《工会法》规定："工会组织和教育职工依照宪法和法律的规定行使民主权利，发挥国家主人翁的作用，通过各种途径和形式，参与管理国家事务、管理经济和文化事业、管理社会事务。"

4. 教育职能：帮助职工不断提高思想政治觉悟和科学文化技术素质、建设高素质劳动者大军的职能。《工会法》规定："教育职工不断提高思想道德、技术业务和科学文化素质，建设有理想、有道德、有文化、有纪律的职工队伍。"

（三）工会的基本职责

工会的基本职责是维护职工合法权益、竭诚服务职工群众。工会在维护职工合法权益方面享有以下权利。

1. 工会有权要求用人单位纠正违反职工代表大会制度和其他民主管理制度的行为，保障职工依法行使民主管理的权利。

2. 工会帮助、指导职工签订劳动合同。

3. 工会代表职工与企业、实行企业化管理的事业单位、社会组织进行平等协商，依法签订集体合同。

4. 用人单位处分职工，工会认为不适当的，有权提出意见。企业单方面解除职工劳动合同时，应当事先将理由通知工会，工会认为企业违反法律、法规和有关合同，要求重新研究处理时，企业应当研究工会的意见，并将处理结果书面通知工会。职工认为企业侵犯其劳动权益而申请劳动争议仲裁或者向人民法院提起诉讼的，工会应当给予支持和帮助。

5. 用人单位违反劳动法律法规规定，侵犯职工劳动权益，工会应当代表职工与单位交涉，要求单位采取措施予以改正；单位应当予以研究处理，并向工会作出答复；单位拒不改正的，工会可以请求当地人民政府依法作出处理。

6. 工会对劳动条件和安全卫生进行监督。工会发现企业违章指挥、强令工人冒险作业，或者生产过程中发现明显重大事故隐患和职业危害，有权提出解决的建议，企业应当及时研究答复；发现危及职工生命安全的情况时，工会有权向企业建议组织职工撤离危险现场，企业必须及时作出处理决定。职工因工伤亡事故和其他严重危害职工健康问题的调查处理，必须有工会参加。工会应当向有关部门提出处理意见，并有权要求追究直接负责的主管人员和有关责任人员的责任。对工会提出的意见，应当及时研究，给予答复。

7. 工会有权对企业、事业单位侵犯职工合法权益的问题进行调查，有关单位应当予以协助。

8. 企业、事业单位发生停工、怠工事件，工会应当代表职工同企业、事业单位或者有关方面协商，反映职工的意见和要求并提出解决意见。对于职工的合理要求，企业、事业单位应当予以解决。工会协助企业、事业单位做好工作，尽快恢复生产、工作秩序。

9. 工会参加企业的劳动争议调解工作。地方劳动争议仲裁组织应当有同级工会代表参加。

二、工会应当依法维护职工的民主参与权利

我国工会依法维护企事业单位职工享有的民主参与权。基层工会组织代表和组织职工通过职工代表大会和职工代表议事会、职工代表巡视制度、职工董事和职工监事制度以及民主评议、民主质询、厂务公开等形式，参与企事业单位的民主决策、民主管理和民主监督，实现民主参与权。中国工会依法享有代表和组织职工行使民主参与的权利和责任。

我国工会始终把代表和组织职工参与企事业单位民主决策、民主管理和民主监督，作为一项重要任务来抓。新中国成立前夕，中国工会拟定了《关于在国有、公营工厂企业中建立工厂管理委员会与工厂职工代表会议的实施条例》，并由华北人民政府颁布实施。新中国成立初期，企业工会依照《工会法》的规定，代表职工听取企业行政的工作报告，参加企业管理委员会的工作和生产管理工作。1957 年以后，国有企业试行党委领导下的职工代表大会制度，企业工会委员会承担了职工代表大会的各项日常工作。改革开放以来，中国工会第九、十、十一、十二、十三、十四、十五、十六、十七、十八次代表大会都把职工民主管理工作列为各级工会的重点工作。

我国工会积极参与有关职工民主参与权利的制度建设和立法工作。中华全国总工会先后于 1981 年和 1986 年参与起草了《国营工业企业职工代表大会暂行条例》和《职工代表大会条例》，并由国务院颁布实施。《条例》对职工代表大会的性质、职权和组织制度等作出了明确规定。中华全国总工会在参与《企业法》《劳动法》《公司法》《工会法》《安全生产法》《职业病防治法》《劳动合同法》《社会保险法》等法律法规的起草和修订工作的过程中，坚持推动这些法律法规对职工的民主参与权作出明确规定，为职工民主参与提供法律依据。中华全国总工会还与监察部、国家经贸委联合下发了《关于国有企业实行业务招待费使用情况等重要事项向职代会报告制度的规定》；与国家科委联合下发了《关于完善科研院所职工民主管理工作的若干意见》；与卫生部联合下发了《关于加强医疗卫生单位职工民主管理工作的若干意见》；与中央纪委、国家经贸委联合下发了《关于推行厂务公开制度的通知》，不断推动职工民主参与工作向企业管理的各个领域深入。为完善以职工代表大会为基本形式的企业民主管理制度，推进厂务公开，支持职工参与企业管理，维护职工合法权益，构建和谐劳动关系，促进企业持续健康发展，加强基层民主政治建设，全国总工会与中共中央纪委、中共中央组织部、国务院国有资产监督管理委员会、监察部、中华全国工商业联合会于 2012 年 2 月 13 日联合制定发布了《企业民主管理规定》。

我国法律规定，工会依照法律规定通过职工代表大会或者其他形式，组织职工参与本单位的民主选举、民主协商、民主决策、民主管理和民主监督。职工代表大会是企事业单位实行民主管理的基本形式，是职工行使民主管理权力的机构。企事业单位工会委员会是职工代表大会的工作机构，负责职工代表大会的日常工作。我国工会积极推动各类企事业单位建立健全以职工代表大会为基本形式的各项民主管理制度，认真做好职工代表大会的各项工作，依法组织职工听取企事业单位领导的工作报告，审议企事业单位改革方案、财务报告、生产经营重大问题的决策方案，并提出意见和建议；审查同意或否决工资调整方案、奖金分配方案、劳动保护措施、奖惩办法、重要的规章制度和集体合同方案；审议决定涉及职工生活福利的重大事项；评议和监督企事业单位的领导干部，听取企事业单位业务招待费使用情况和企事业单位领导人员个人廉洁自律情况的报告；依照有关规定，选举企事业单位的领导人员，选举参加董事会、监事会和平等协商的职工代表；组织职工代表检查职工代表大会决议的执行情况。集体企业的职工有权选举和罢免管理人员、决定经营管理的重大问题。

我国工会依照法律规定，积极推动公司制企业建立职工董事、职工监事制度，通过职工代表大会或职工大会民主选举一定数量的职工代表，依法进入董事会、监事会，代表职工参与决策和监督。

为确保企事业单位职工能够有效地行使民主参与权，落实职工代表大会的各项职权，我国工会会同党政有关部门在企事业单位中广泛推行了厂务公开、事务公开工作。要求企事业单位将重大决策、生产经营管理工作（商业秘密除外）、领导人员廉洁自律情况、涉及职工切身利益的事项，都要向职工公开，让职工了解情况，接受职工群众的监督，保证职工能够有效地行使民主参与权利。

我国工会重视在非公有制企事业单位推行民主管理工作。根据《工会法》第 38 条关于国有、集体企业以外的其他企业、事业单位的工会委员会，依照法律规定组织职工采取与企业、事业单位相适应的形式，参与企业、事业单位民主管理的规定，积极探索非公有制企事业单位职工参与民主管理的制度、形式和方法。

三、职工代表大会与工会的关系

职工代表大会是代表职工行使民主管理权力的机构，工会是中国共产党领导的职工自愿结合的工人阶级的群众组织，它们都是职工利益的代表者，都在党的领导下维护职工的长远利益和眼前利益。根据规定，企事业单位工会委员会是职工代表大会的工作机构，负责职工代表大会的日常工作，检查、督促职工代表大会决议的执行。

企事业单位工会作为职工代表大会的工作机构有独特的优势。首先，从我国职工民主管理的历史上看，工会一直是推行职工民主管理的积极参加者和具体组织者，在长期的工作实践中积累了丰富的经验。其次，工会作为职工代表大会的工作机构是由工会的性质和任务决定的。工会的基本职责是维护职工合法权益、竭诚服务职工群众，通过职工代表大会，工会可以更有效地履行自己的职责，实现自己的任务。第三，工会作为职工代表大会的工作机构也是由工会在企事业单位中的地位和作用决定的。从党政工三者在企事业单位中的地位和任务来看，只有工会才能担负职工代表大会工作机构的任务。

根据《企业民主管理规定》，基层工会委员会是职工代表大会的工作机构，负责职工代表大会的日常工作，履行下列职责。

1. 提出职工代表大会代表选举方案，组织职工选举职工代表和代表团（组）长。

2. 征集职工代表提案，提出职工代表大会议题的建议。

3. 负责职工代表大会会议的筹备和组织工作，提出职工代表大会的议程建议。

4. 提出职工代表大会主席团组成方案和组成人员建议名单；提出专门委员会（小组）的设立方案和组成人员建议名单。

5. 向职工代表大会报告职工代表大会决议的执行情况和职工代表大会提案的办理情况、厂务公开的实行情况等。

6. 在职工代表大会闭会期间，负责组织专门委员会（小组）和职工代表就企业职工代表大会决议的执行情况和职工代表大会提案的办理情况、厂务公开的实行情况等，开展巡视、检查、质询等监督活动。

7. 受理职工代表的申诉和建议，维护职工代表的合法权益。

8. 向职工进行民主管理的宣传教育，组织职工代表开展学习和培训，提高职工代表素质。

9. 建立和管理职工代表大会工作档案。

为搞好职工民主管理和职工代表大会的工作，基层工会要抓好 3 个环节的工作。一是教育工作，就是在党组织的领导下，做好职工群众的思想政治工作，教育职工提高主人翁的意识和当家作主的自觉性，正确处理民主与集中、自由与纪律、权利与义务的关系；二是组织工作，建立和健全各种民主管理的组织和制度，做好职工代表大会的筹备、贯彻落实大会决议等一系列组织工作；三是维护工作，工会要勇于同侵犯、压制职工民主权利的官僚主义和无政府主义行为进行斗争，维护职工民主管理权利。

【思考题】

1. 我国工会的性质是什么？

2. 工会在维护职工合法权益方面享有哪些权利？

3. 工会应当如何维护职工的民主参与权利？

4. 为什么基层工会委员会是职工代表大会的工作机构？

5. 基层工会委员会作为职工代表大会的工作机构应承担哪些工作？

【案例1】

福州市总工会深化企业民主管理　助力企业与职工"双向奔赴"

2023年3月17日　来源：中工网

日前，全国工商联、人社部、全国总工会联合召开全国就业与社会保障先进民营企业暨关爱员工实现双赢表彰大会，由福州市总工会培育推荐的福建福光股份有限公司工会委员会荣获"全国双爱双评先进企业工会"称号，这是此次福建省唯一获此殊荣的企业工会。

近年来，福州市总工会在深化企业民主管理工作上持续发力，引导企业关爱、尊重职工，引导广大职工爱党爱国、敬业奉献，与企业共同发展，实现企业与职工之间的"双向奔赴"，更好地为福州高质量发展凝聚"工"力量。

依托模范职工之家创建，持续指导基层单位坚持和完善以职代会为基本形式的企事业单位民主管理制度。截至目前，福州市已有4万余家单位建立厂务公开、职代会（职工大会）等民主管理制度，公有制企业全部建制，非公企业建制率达到90%以上，已建工会的100人以上非公有制企业单独建制率达到并动态保持在90%以上，较好地实现了公有制企业全覆盖、非公有制企业广覆盖的目标。同时，依托镇街（园区）工会达标建设，189个镇街、省级以上园区普遍推行区域职代会制度，为发挥民主管理制度作用，为保障职工权益打下坚实基础。

结合"互联网+"时代职工诉求的新特点，福州市总工会指导高新数字企业发挥技术优势，在坚持传统民主管理形式的基础上，率先运用"互联网+"等信息化手段，积极探索网上职代会、网上民主评议、网上职工提案等创新模式，作为传统民主管理形式的有益补充，打造网上网下相互促进、有机融合的民主管理新格局。

福州市总工会注重激发职工主体意识，持续组织开展以"公开解难题、民主促发展”为主题的职工代表提案征集活动，积极动员基层工会围绕学习宣传贯彻党的二十大精神、企业创新发展、社会热点及职工群众关心关注的热点、焦点问题开展主题班会活动，形成职工“想参与、愿参与、能参与”的良好氛围。

为巩固成效、保持动态跟踪，福州市总工会还建立了定期走访制度，组建福州市工会服务专员队伍，选派市、县两级20名工会干部，以“工会专员”身份，“点对点”与企业建立常态化联系机制，面对面、手把手地指导基层工会规范化建设，夯实基层基础，构建和谐劳动关系。截至目前，福州全市336名工会干部共走访635家企业，有效提高基层工会规范化水平。（周钰　林滢）

【案例2】

封丘、浚县、宝丰、栾川等地深入推进“县级工会加强年”工作

2023年2月23日　来源：河南工人日报

封丘县总工会

扎根基层让工会组织“活”起来

自“县级工会加强年”专项工作开展以来，封丘县总工会结合县域实际，推动专项工作努力实现政治引领强、组织功能强、服务阵地强、制度机制强、作用发挥强五强目标，叫响做实“工”字牌服务阵地，不断推动“县级工会加强年”专项工作走深走实。

封丘县总工会以工会活动为载体，开展了“中国梦·劳动美——喜迎二十大建功新时代”职工演讲比赛，“二十大精神宣讲进基层”、党的创新理论“新春走基层”宣讲等系列活动，全面提升产业工人的综合素质，积极拓展产业工人成长途径。2022年，该县总工会在19个乡（镇）人社所建立了19个信息网络服务站，召开线上和线下招聘会6次，及时收集企业用工信息5000多个予以发布，促进产业工人高质

量就业。同时积极开展"集体协商要约行动月",引导企业和职工树立协商理念,围绕职工普遍关心的工资调整、劳动定额、劳动保护、休息休假、报酬支付办法等进行协商。2022年共发出集体协商要约书37份,覆盖企业146家,覆盖职工14265人。在全县153家建会企业推行工资集体协商,覆盖率达95%以上。

目前,封丘县共建有基层工会组织658家,建立了19家区域性工会联合会和7个行业性工会联合会,发展新就业形态劳动者会员1551人。已建成并投入使用户外劳动者驿站21家,每个驿站内不仅有休息区,还配备有微波炉、饮水机、冰箱、桌椅等,从根本上解决了户外劳动者喝水难、吃饭难、休息难等日常工作难题。

"县级工会加强年"专项工作开展以来,封丘县总工会职工服务中心积极推动各项帮扶政策落到实处,形成了分类帮扶、精准施策、精准帮扶的困难职工帮扶工作新格局。2022年度共帮扶困难职工及农民工20人次,累计发放帮扶资金14.63万元。其中,送温暖生活救助帮扶11人,发放帮扶资金3.8万元;金秋助学救助3人,发放助学金3万元;医疗救助6人,发放帮扶资金7.83万元。(记者 王静)

浚县总工会
只为让职工更有底气

将工会建设纳入党建工作总体部署,"县级工会加强年"专项工作开展以来,鹤壁市浚县总工会不断扩大服务项目,建立厂务公开协调领导小组,积极推动企事业单位建立健全民主管理机制,这一系列措施为的是让职工更有底气。

根据省总、鹤壁市总关于"县级工会加强年"专项工作的部署要求,浚县总工会出台了一揽子制度化、规范化措施,推进"县级工会加强年"专项工作走深走实。自开展"县级工会加强年"专项工作以来,浚县共建立14个工会联合会 其中镇(街道)工会联合会11个、产业区工会联合会1个、行业性工会联合会2个(浚县货运行业工会联合会、浚县新业态工会联合会）吸纳新就业形态劳动者 12000 余人。

劳动驿站化身职工"俱乐部"。去年以来，浚县总工会筹资 3 万余元在快递站点、恒祥运输公司等地方新建工会户外劳动者爱心驿站 6 个，分别配备了冰箱、微波炉、沙发、茶几、血压仪、书报架等，为货运司机、网约车司机、快递员、送餐员等广大新业态劳动者提供"冷可取暖、热可纳凉、渴可喝水、累可歇脚"等服务，目前已在全县建立工会户外劳动者爱心驿站 39 家。

浚县总工会成立了由县总工会党组书记任组长的厂务公开协调领导小组，每年到企业开展调研，推进落实厂务公开制度。设立法律援助、职工信访等服务窗口，设法律援助维权服务工作人员 1 名，聘任专业律师兼职法律顾问 1 名。近 3 年来共受理职工对合法权益的诉求 25 例，解答职工对有关政策法规和工会相关业务的咨询 253 人次。去年 8 月份，与县法院联合成立了"法院+工会"劳动争议诉调暨新就业形态劳动争议诉调对接工作室。

浚县总工会还积极推动企事业单位建立健全民主管理机制，不断推动以职工代表大会为基本形式的企事业单位民主管理制度得到落实。据统计，在公有制企业中，职代会、厂务公开综合建制率达到 100%，已建会的非公有制企业达到 90% 以上。2022 年，选树鹤壁市 5 星级职代会企业 1 家，3 星级职代会企业 1 家。（记者　张潇予）

宝丰县总工会

栾川县总工会

将亮点工作形成经验大力推广

2 月 14 日、15 日，由省总工会网络和职工服务部组成的调研组赴平顶山市宝丰县、洛阳市栾川县，通过实地走访、召开座谈会的形式，调研指导"县级工会加强年"专项工作。

在"县级工会加强年"专项工作座谈会上，宝丰县总工会从工会基本情况、政治引领、力量配备、组织建设、经费保障、阵地建设、制度机制、经验做法等方面，重点对"县级工会加强年"专项工作开展的情况、存在的问题、相关的意见建议等进行详细汇报。调研组表示，宝丰县总工会推动创建的宝丰县工匠学院是全省第一家县级"工匠学院"，要充分发挥好这一阵地优势，做好课程衔接，鼓励校企合作，推进技能创新，让工匠学院真正成为职工技能提升的"加油站"和"人人持证，技能河南"建设工作的重要平台。积极推进"暖心驿站"进车间，服务职工零距离，将宝丰工会的亮点工作和特色工作形成经验，进行大力推广。

在栾川，调研组听取了栾川"县级工会加强年"专项工作情况汇报，在龙宇公司工会、庙子镇总工会、栾川印象驿站、七里坪综合驿站进行了实地走访调研，对栾川县总工会结合实际，积极主动创造性地开展工作给予充分肯定。调研组提出，加强县级工会工作对提高工会整体工作水平至关重要，要认真学习领会全总、省总文件精神，因地制宜、分类施策，在政治引领、组织功能、服务阵地、制度机制、作用发挥方面展现更多工会作为，切实承担起团结引领职工群众听党话、跟党走的政治责任，为县域经济社会发展作出新的贡献。（记者卫静　陈微娴）

参考资料及说明

[1]《中华人民共和国宪法》（2018 年修正文本）本书中简称《宪法》

[2]《中华人民共和国民法典》（2020 年 5 月 28 日第十三届全国人民代表大会第三次会议通过）本书中简称《民法典》

[3]《中华人民共和国公司法》（根据 2018 年 10 月 26 日第十三届全国人民代表大会常务委员会第六次会议《关于修改〈中华人民共和国公司法〉的决定》第四次修正）本书中简称《公司法》

[4]《中华人民共和国全民所有制工业企业法》（1988 年 4 月 13 日第七届全国人民代表大会第一次会议通过根据 2009 年 8 月 27 日第十一届全国人民代表大会常务委员会第十次会议《关于修改部分法律的决定》修正）本书中简称《企业法》

[5]《中华人民共和国企业破产法》（2006 年 8 月 27 日第十届全国人民代表大会常务委员会第二十三次会议通过）本书中简称《破产法》

[6]《中华人民共和国职业病防治法》（根据 2018 年 12 月 29 日第十三届全国人民代表大会常务委员会第七次会议《关于修改〈中华人民共和国劳动法〉等七部法律的决定》第四次修正）本书中简称《职业病防治法》

[7]《中华人民共和国安全生产法》（根据 2021 年 6 月 10 日第十三届全国人民代表大会常务委员会第二十九次会议《关于修改〈中华人民共和国安全生产法〉的决定》第三次修正）本书中简称《安全生产法》

[8]《中华人民共和国工会法》（根据 2021 年 12 月 24 日第十三届全国

人民代表大会常务委员会第三十二次会议《关于修改〈中华人民共和国工会法〉的决定》第三次修正）本书中简称《工会法》

[9]《中华人民共和国劳动法》（根据 2018 年 12 月 29 日第十三届全国人民代表大会常务委员会第七次会议《关于修改〈中华人民共和国劳动法〉等七部法律的决定》第二次修正）本书中简称《劳动法》

[10]《中华人民共和国劳动合同法》（根据 2012 年 12 月 28 日第十一届全国人民代表大会常务委员会第三十次会议《关于修改〈中华人民共和国劳动合同法〉的决定》修正）本书中简称《劳动合同法》

[11]《中华人民共和国社会保险法》（根据 2018 年 12 月 29 日第十三届全国人民代表大会常务委员会第七次会议《关于修改〈中华人民共和国社会保险法〉的决定》修正）本书中简称《社会保险法》

[12]《全民所有制工业企业职工代表大会条例》（1986 年 9 月 15 日国务院发布）本书中简称《职工代表大会条例》

[13]《学校教职工代表大会规定》（2011 年 12 月 8 日中华人民共和国教育部令第 32 号公布自 2012 年 1 月 1 日起施行）